국어표준발음법에 따른
로마자표기
길라잡이

배 재 덕

PUKYONG NATIONAL UNIVERSITY PRESS
부경대학교 출판부

국어표준발음법에 따른

로마자표기 길라잡이

GUIDEBOOK FOR KOREAN ROMANIZATION

2010년 2월 20일 초판1쇄 인쇄
2010년 2월 26일 초판1쇄 발행

저 자 | 배 재 덕
발행인 | 박 맹 언
발행처 | 부경대학교 출판부
주 소 | 부산광역시 남구 대연3동 599-1
전 화 | (051) 629-6914
F A X | (051) 629-6917
E-Mail | upress@pknu.ac.kr

값 12,000원

ISBN 978-89-91131-47-7 93710

책을 내면서

아직도 당신의 이름을 로마자 표기가 아닌 영문표기를 하고 있습니까? 현행 로마자 표기가 국어표준 발음법에 따라서 표기해야 한다는 사실을 알고 있습니까? 또한, 현행 국가공무원 시험에 로마자 표기가 출제되고 있는 것을 알고 있습니까? 국제화 정보화 시대에 올바른 로마자 표기법을 아는 것은 교양인의 필수요건입니다. 따라서 필자는 내·외국인들이 현 표기법을 잘 이해하고 알기 쉽게 익힐 수 있는 안내서의 필요함을 절실히 느꼈습니다.

국어의 로마자 표기법은 두 가지 목적이 있다. 하나는 국어의 로마자 표기를 통해 외국인에게 한국의 문화재를 알리고 올바른 의사를 전달할 수 있도록 하는 데에 있으며, 또 다른 하나는 한글을 잘 읽고 쓰지 못 하는 재·외국인에게 문자 상 편의를 제공하는 데에 있다.

로마자는 세계의 여러 언어를 그 나라의 특성과 실정에 따라 동일 문자를 나라마다 발음을 달리 표기할 수 있다. 현 표기법이 시행된 지 10년이 경과했지만, 전문가나 이 분야에 종사하는 일부 사람을 제외하고는 국어의 로마자 표기가 영문표기로 잘못 인식하고 있고, 흔히 길거리의 간판이나 거리 명의 표기를 영문 표기의 일종이라고 생각하는 경우가 허다하다.

특히, 우리 한글에는 21개의 모음문자가 사용되는데 반해 로마자는 5개의 모음 문자 (a, e, i, o, u)가 있다. 그리고 자음문자는 한글은 19개의 자음문자를 사용하는데 반해서, 로마자는 15개의 문자를 사용하고 있다. 따라서 그 대응 표기에서 로마자의 글자 조합으로 한글자음자를 표기하고 있다.

더욱 더 표기를 어렵게 하는 것은 현 국어로마자표기법의 제1장 1항에 '국어로마자표기는 국어의 표준발음에 따라 적는 것을 원칙으로 한다.'라고 규정함으로써 한글과 로마자간의 대응표기를 혼란스럽게 하고 있다.

국어표준발음법에 따라서 우리말 소리의 변화부분을 로마자 표기로 쉽게 표기할 수 있도록 설명과 더불어 그 용례를 하나하나 제시하고 있다. 본서의 구성은 아래와 같다.

제 1장에서는 현 표기법에서 기계적으로 한글 대 로마자간의 대응표기부분을 예시하고 설명한다.

제 2장에서는 현행 국어로마자 표기법을 그 순서에 따라서 해설과 용례를 든다.

제 3장에서는 우리말 표준발음법의 소리규칙에 따라서 이 부분을 잘 해설하고 우리말의 발음변화의 결과에 따라서 로마자 표기가 되도록 안내한다. 본 장의 끝부분에서는 지금까지 로마

자표기 학습을 해온 결과를 점검해 볼 수 있는 연습문제를 제시하여 표기와 읽기를 시험해 본다.

제 4장에서는 국어로마자표기의 실제 사례를 문화재명, 인명, 기업체명, 신문사명 등의 용례를 들고 현 표기법의 기준 내에서 잘된 표기와 권장표기의 사례를 제시하고 있다.

제 5장에서는 과거 6차에 걸쳐 개정한 로마자표기법들을 상호 비교하고 현 표기법의 사용상 문제점과 개선사항을 제시한다.

제 6장과 7장은 현 표기법의 전문(全文)과 영문로마자표기법의 전문을 실어서 내·외국인이 참고할 수 있도록 하였다.

부록에서는 내·외국인들이 로마자 표기를 학습하는 데에 도움이 되도록 한글맞춤법, 표준발음법, 외래어 표기법, 영문 'Romanization of Korean'과 최초 한국어 로마자 표기 영문본 'McCune-Reichauer System for the Romanization of Korean'을 별첨하고 있다.

정부는 세계 속에서 내·외국인 모두가 각자의 의사표현을 쉽게 할 수 있는 문자체계로서 예측성을 갖고 사용할 수 있도록 하고, 국어로마자표기법을 일관성 있게 관리해야 할 것이다.

본서를 통하여 국어의 로마자 표기에 익숙해져서 우리의 것을 잘 표현하고 외국인들도 우리의 것을 잘 이해하는 데 도움이 되기를 바란다.

2010년 1월 30일 저자 배 재 덕

일러두기

1. 이 책의 각 장들의 모든 해설은 한글맞춤법의 자모음 순서에 의해서 해설하고 그 용례를 제시하고 있다.

2. 이 책에서는 색인(알아보기)을 별도로 두지 않았다. 그 대신 이 책의 차례 부분에 상세한 세부항목을 제시하여 색인을 대신하고 있다.

3. 한국인의 성씨 로마자표기에 관해서는 현행 표기법 전문에 준해서 필자가 안내한 것이며, 이것이 성씨 로마자표기의 기준이 아니라는 점을 밝혀둔다.

4. 제 4장의 신문사명, 대학명, 문화재명, 기업체명의 종전표기법에 따른 표기를 현 표기법으로 바꾸어 표기한 것은 안내차원에서 표기하고 있다는 점을 밝혀 둔다.

차 례

|제1장| 한글 자 · 모음의 로마자표기

|제2장| 현 로마자 표기법의 내용 해설

|제5장| 국어 로마자 표기법 연구

| 제1장 |

한글 자 · 모음의 로마자표기

유, 무성음을 구별 않는 등 우리말 위주로

ㄱ ㄷ ㅂ ㅈ → g d b j
ㅋ ㅌ ㅍ ㅊ → k t p ch
ㅅ 은 항상 s 로 표기

* 2,3장에 사용된 삽화 7개는
『로마자 표기법 이렇게 바뀌었습니다.』문화관광부(2000) 에서 인용하였음.

1.1 초성자음 13개 + 단모음 10개

ㄱ + 단모음

가	거	고	구	그	기	개	게	괴	귀
ga	geo	go	gu	geu	gi	gae	ge	goe	gwi

ㄴ + 단모음

나	너	노	누	느	니	내	네	뇌	뉘
na	neo	no	nu	neu	ni	nae	ne	noe	nwi

ㄷ + 단모음

다	더	도	두	드	디	대	데	되	뒤
da	deo	do	du	deu	di	dae	de	doe	dwi

ㄹ + 단모음

라	러	로	루	르	리	래	레	뢰	뤼
ra	reo	ro	ru	reu	ri	rae	re	roe	rwi

ㅁ + 단모음

마	머	모	무	므	미	매	메	뫼	뮈
ma	meo	mo	mu	meu	mi	mae	me	moe	mwi

ㅂ + 단모음

바	버	보	부	브	비	배	베	뵈	뷔
ba	beo	bo	bu	beu	bi	bae	be	boe	bwi

ㅅ + 단모음

사	서	소	수	스	시	새	세	쇠	쉬
sa	seo	so	su	seu	si	sae	se	soe	swi

초성 'ㅇ' + 단모음

※한글의 초성 'ㅇ'은 음가가 없으므로 <u>로마자표기에서는 표기하지 않는다</u>.

아	어	오	우	으	이	애	에	외	위
a	eo	o	u	eu	i	ae	e	oe	wi

종성(받침) 'ㅇ' + 단모음

※한글의 'ㅇ'은 종성(받침)으로 쓰일 때만 <u>음가[ŋ, 응]가 있어서 로마자 'ng'로 표기한다</u>.

앙	엉	옹	웅	응	잉	앵	엥	욍	윙
ang	eong	ong	ung	eung	ing	aeng	eng	oeng	wing

ㅈ + 단모음

자	저	조	주	즈	지	재	제	죄	쥐
ja	jeo	jo	ju	jeu	ji	jae	je	joe	jwi

ㅊ + 단모음

차	처	초	추	츠	치	채	체	최	취
cha	cheo	cho	chu	cheu	chi	chae	che	choe	chwi

ㅋ + 단모음

카	커	코	쿠	크	키	캐	케	쾨	퀴
ka	keo	ko	ku	keu	ki	kae	ke	koe	kwi

ㅌ + 단모음

타	터	토	투	트	티	태	테	퇴	튀
ta	teo	to	tu	teu	ti	tae	te	toe	twi

ㅍ + 단모음

파	퍼	포	푸	프	피	패	페	푀	퓌
pa	peo	po	pu	peu	pi	pae	pe	poe	pwi

ㅎ + 단모음

하	허	호	후	흐	히	해	헤	회	휘
ha	heo	ho	hu	heu	hi	hae	he	hoe	hwi

1.2 겹자음 5개 + 단모음 10개

ㄲ+ 단모음

까	꺼	꼬	꾸	끄	끼	깨	께	꾀	뀌
kka	kkeo	kko	kku	kkeu	kki	kkae	kke	kkoe	kkwi

ㄸ + 단모음

따	떠	또	뚜	뜨	띠	때	떼	뙤	뛰
tta	tteo	tto	ttu	tteu	tti	ttae	tte	ttoe	ttwi

ㅃ + 단모음

빠	뻐	뽀	뿌	쁘	삐	빼	뻬	뾔	쀠
ppa	ppeo	ppo	ppu	ppeu	ppi	ppae	ppe	ppoe	ppwi

ㅆ + 단모음

싸	써	쏘	쑤	쓰	씨	쌔	쎄	쐬	쒸
ssa	sseo	sso	ssu	sseu	ssi	ssae	sse	ssoe	sswi

ㅉ + 단모음

짜	쩌	쪼	쭈	쯔	찌	째	쩨	쬐	쮜
jja	jjeo	jjo	jju	jjeu	jji	jjae	jje	jjoe	jjwi

1.3 초성자음 13개 + 이중모음 11개

ㄱ + 이중모음

갸	겨	교	규	걔	계	과	괘	궈	궤	긔
gya	gyeo	gyo	gyu	gyae	gye	gwa	gwae	gwo	gwe	gui

ㄴ + 이중모음

냐	녀	뇨	뉴	냬	녜	놔	놰	눠	눼	늬
nya	nyeo	nyo	nyu	nyae	nye	nwa	nwae	nwo	nwe	nui

ㄷ + 이중모음

댜	뎌	됴	듀	댸	뎨	돠	돼	둬	뒈	듸
dya	dyeo	dyo	dyu	dyae	dye	dwa	dwae	dwo	dwe	dui

ㄹ + 이중모음

랴	려	료	류	럐	례	롸	뢔	뤄	뤠	릐
rya	ryeo	ryo	ryu	ryae	rye	rwa	rwae	rwo	rwe	rui

ㅁ + 이중모음

먀	며	묘	뮤	먜	몌	뫄	뫠	뭐	뭬	믜
mya	myeo	myo	myu	myae	mye	mwa	mae	mwo	mwe	mui

ㅂ + 이중모음

뱌	벼	뵤	뷰	뱨	볘	봐	봬	붜	붸	븨
bya	byeo	byo	byu	byae	bye	bwa	bwae	bwo	bwe	bui

ㅅ + 이중모음

샤	셔	쇼	슈	섀	셰	솨	쇄	숴	쉐	싀
sya	syeo	syo	syu	syae	sye	swa	swae	swo	swe	sui

초성 'ㅇ' + 이중모음

※한글의 초성 'ㅇ'은 음가가 없으므로 로마자표기에서는 표기하지 않는다.
한글의 'ㅇ'은 종성(받침)으로 쓰일 때만 음가[ŋ, 응]가 있어서 로마자 'ng'로 표기한다.

야	여	요	유	얘	예	와	왜	워	웨	의
ya	yeo	yo	yu	yae	ye	wa	wae	wo	we	ui

종성 'ㅇ' + 이중모음

양	영	용	융	얭	옝	왕	왱	웡	왱	읭
yang	yeong	yong	yung	yaeng	yeng	wang	waeng	wong	weng	uing

ㅈ + 이중모음

쟈	져	죠	쥬	쟤	졔	좌	좨	줘	줴	즤
jya	jyeo	jyo	jyu	jyae	jye	jwa	jwae	jwo	jwe	jui

ㅊ + 이중모음

챠	쳐	쵸	츄	챼	쳬	촤	쵀	춰	췌	츼
chya	chyeo	chyo	chyu	chyae	chye	chwa	chwae	chwo	chwe	chui

ㅋ + 이중모음

캬	켜	쿄	큐	컈	켸	콰	쾌	쿼	퀘	킈
kya	kyeo	kyo	kyu	kyae	kye	kwa	kwae	kwo	kwe	kui

ㅌ + 이중모음

탸	텨	툐	튜	턔	톄	톼	퇘	퉈	퉤	틔
tya	tyeo	tyo	tyu	tyae	tye	twa	twae	two	twe	tui

ㅍ + 이중모음

퍄	펴	표	퓨	퍠	폐	퐈	퐤	풔	풰	픠
pya	pyeo	pyo	pyu	pyae	pye	pwa	pwae	pwo	pwe	pui

ㅎ + 이중모음

햐	혀	효	휴	햬	혜	화	홰	훠	훼	희
hya	hyeo	hyo	hyu	hyae	hye	hwa	hwae	hwo	hwe	hui

1.4 초성겹자음 5개 + 이중모음 11개

ㄲ + 이중모음

꺄	껴	꾜	뀨	꺠	꼐	꽈	꽤	꿔	꿰	끠
kkya	kkyeo	kkyo	kkyu	kkyae	kkye	kkwa	kkwae	kkwo	kkwe	kkui

ㄸ + 이중모음

땨	뗘	뚀	뜌	떄	뗴	똬	뙈	뚸	뛔	띄
ttya	ttyeo	ttyo	ttyu	ttyae	ttye	ttwa	ttwae	ttwo	ttwe	ttui

ㅃ + 이중모음

뺘	뼈	뾰	쀼	뺴	뼤	뽜	뽸	뿨	쀄	쁴
ppya	ppyeo	ppyo	ppyu	ppyae	ppye	ppwa	ppwae	ppwo	ppwe	ppui

ㅆ + 이중모음

쌰	쎠	쑈	쓔	썌	쎼	쏴	쐐	쒀	쒜	씌
ssya	ssyeo	ssyo	ssyu	ssyae	ssye	sswa	sswae	sswo	sswe	ssui

ㅉ + 이중모음

쨔	쪄	쬬	쮸	쨰	쪠	쫘	쫴	쭤	쮀	쯰
jjya	jjyeo	jjyo	jjyu	jjyae	jjye	jjwa	jjwae	jjwo	jjwe	jjui

1.5 초성자음 + 단모음 + 종성(받침)자음

ㄱ + 단모음 + ㄱ

각	걱	곡	국	극	긱	객	겍	괵	귁
gak	geok	gok	guk	geuk	gik	gaek	gek	goek	gwik

ㄴ + 단모음 + ㄴ

난	넌	논	눈	는	닌	낸	넨	뇐	뉜
nan	neon	non	nun	neun	nin	naen	nen	noen	nwin

ㄷ + 단모음 + ㄷ

닫	덛	돋	둗	듣	딛	댇	덷	됟	뒫
dat	deot	dot	dut	deut	dit	daet	det	doet	dwit

ㄹ + 단모음 + ㄹ

랄	럴	롤	룰	를	릴	랠	렐	뢸	륄
ral	reol	rol	rul	reul	ril	rael	rel	roel	rwil

ㅁ + 단모음 + ㅁ

맘	멈	몸	뭄	믐	밈	맴	멤	묌	뮘
mam	meom	mom	mum	meum	mim	maem	mem	moem	mwim

ㅂ + 단모음 + ㅂ

밥	법	봅	붑	븝	빕	뱁	벱	뵙	뷥
bap	beop	bop	bup	beup	bip	baep	bep	boep	bwip

ㅅ + 단모음 + ㅅ

삿	섯	솟	숫	슷	싯	샛	셋	쇳	쉿
sat	seot	sot	sut	seut	sit	saet	set	soet	swit

ㅇ + 단모음 + ㅇ

앙	엉	옹	웅	응	잉	앵	엥	욍	윙
ang	eong	ong	ung	eung	ing	aeng	eng	oeng	wing

ㅈ + 단모음 + ㅈ

잦	젖	좆	줒	즞	짖	잿	젲	죚	쥦
jat	jeot	jot	jut	jeut	jit	jaet	jet	joet	jwit

ㅊ + 단모음 + ㅊ

찿	첯	촟	춫	츷	칯	챛	쳋	쵳	췿
chat	cheot	chot	chut	cheut	chit	chaet	chet	choet	chwit

ㅋ + 단모음 + ㅋ

칵	컥	콕	쿡	큭	킥	캑	켁	쾩	퀵
kak	keok	kok	kuk	keuk	kik	kaek	kek	koek	kwik

ㅌ + 단모음 + ㅌ

탙	텉	톹	퉅	틑	팉	탵	텥	퇱	튙
tat	teot	tot	tut	teut	tit	taet	tet	toet	twit

ㅍ + 단모음 + ㅍ

팦	펖	퐆	풒	픞	핖	퍂	펲	푶	퓦
pap	peop	pop	pup	peup	pip	paep	pep	poep	pwip

ㅎ + 단모음 + ㅎ

핳	헣	홓	훟	흫	힣	햏	헿	횧	휳
hat	heot	hot	hut	heut	hit	haet	het	hoet	hwit

1.6 초성자음 + 이중모음 + 종성(받침)자음

ㄱ + 이중모음 + ㄱ

갹	격	곡	귝	걕	곅	곽	괙	궉	궥	긕
gyak	gyeok	gyok	gyuk	gyaek	gyek	kwak	gwaek	gwok	gwek	guik

ㄴ + 이중모음 + ㄴ

냔	년	뇬	뉸	냰	녠	놘	놴	눤	눼	늰
nyan	nyeon	nyon	nyun	nyaen	nyen	nwan	nwaen	nwon	nwen	nuin

ㄷ + 이중모음 + ㄷ

댣	뎓	됻	듇	댿	뎯	돧	됃	뒫	뒏	듿
dyat	dyeot	dyot	dyut	dyaet	dyet	dwat	dwaet	dwot	dwet	duit

ㄹ + 이중모음 + ㄹ

랼	렬	룔	률	럘	롈	롸	뢜	뤌	뤨	릘
ryal	ryeol	ryol	ryul	ryael	ryel	rwal	rwael	rwol	rwel	ruil

ㅁ + 이중모음 + ㅁ

먐	몀	묨	뮴	먬	몜	뫔	뫰	뭠	뭼	믬
myam	myeom	myom	myum	myaem	myem	mwam	mwaem	mwom	mwem	muim

ㅂ + 이중모음 + ㅂ

뱝	볍	뵵	븁	뱹	볩	봡	봽	붭	붸ㅂ	빕
byap	byeop	byop	byup	byaep	byep	bwap	bwaep	bwop	bwep	buip

ㅅ + 이중모음 + ㅅ

샷	셧	숏	슛	섓	셋	솻	쇗	숻	쉣	싓
syat	syeot	syot	syut	syaet	syet	swat	swaet	swot	swet	suit

ㅇ + 이중모음 + ㅇ

양	영	용	융	얭	옝	왕	왱	웡	웽	읭
yang	yeong	yong	yung	yaeng	yeng	wang	waeng	wong	weng	uing

ㅈ + 이중모음 + ㅈ

쟞	졎	죶	즂	쟻	졪	좢	좾	줮	줮	즺
jyat	jyeot	jyot	jyut	jyaet	jyet	jwat	jwaet	jwot	jwet	juit

ㅊ + 이중모음 + ㅊ

챷	쳧	춏	츛	챹	촃	촻	쵗	춷	췇	츷
chyat	chyeot	chyot	chyut	chyaet	chyet	chwat	chwaet	chwot	chwet	chuit

ㅋ + 이중모음 + ㅋ

컄	켴	쿀	큨	컠	켘	쾈	쾤	쿸	퀔	킠
kyak	kyeok	kyok	kyuk	kyaek	kyek	kwak	kwaek	kwok	kwek	kuik

ㅌ + 이중모음 + ㅌ

탿	텉	툩	튵	턭	톁	퇕	퇱	퉡	퉽	틭
tyat	tyeot	tyot	tyut	tyaet	tyet	twat	twaet	twot	twet	tuit

ㅍ + 이중모음 + ㅍ

퍞	펲	푚	퓦	퍂	폎	퐢	퐾	풮	퓊	픺
pyap	pyeop	pyop	pyup	pyaep	pyep	pwap	pwaep	pwop	pwep	puip

ㅎ + 이중모음 + ㅎ

햫	혛	횧	흏	햫	혷	홯	횋	훟	훻	힇
hyat	hyeot	hyot	hyut	hyaet	hyet	hwat	hwaet	hwot	hwet	huit

1.7 「가」에서 「힁」까지

ㄱ			값	
가	ga		값	gap
갸	gya		걈	gyam
거	geo		걱	geok
겨	gyeo		겹	gyeop
고	go		공	gong
교	gyo		*	*
구	gu		굽	gup
규	gyu		균	gyun
그	geu		극	geuk
기	gi		길	gil
개	gae		갤	gael
걔	gyae		걘	gyaen
게	ge		겟	get
계	gye		곕	gyep
괴	goe		굄	goem
과	gwa		관	gwan
괘	gwae		괜	gwaen
귀	gwi		귓	gwit
궈	gwo		권	gwon
궤	gwe		궤도	gwedo
긔	gui		*	*

※ 왼쪽 란 「값」의 받침 ㅍ은 ㄱ+모음+받침으로 사용되는 우리말의 마지막 받침을 나타낸다.

* 표시가 있는 칸은 우리말 낱말의 첫 음절구성이 '긔'과 같이 받침(종성)을 취하지 않는 것을 나타낸다.

ㄴ		낳	
나	nan	낳	nat
냐	nya	냠	nyam
너	neo	넌	neon
녀	nyeo	년	nyeon
노	no	놈	nom
뇨	nyo	*	*
누	nu	눕	nup
뉴	nyu	*	*
느	neu	늑	neuk
니	ni	님	nim
내	nae	냄	naem
냬	nyae	*	*
네	ne	넨	nen
녜	nye	*	*
뇌	noe	뇟	noet
놔	nwa	*	*
놰	nwae	*	*
뉘	nwi	*	*
눠	nwo	*	*
눼	nwe	*	*
늬	nui	*	*

ㄷ		닿	
다	da	닿	dat
댜	dya	*	*
더	deo	덕	deok
뎌	dyeo	*	*
도	do	돈	don
됴	dyo	*	*
두	du	둔	dun
듀	dyu	*	*
드	deu	득	deuk
디	di	딩	ding
대	dae	댁	daek
대	dyae	*	*
데	de	덱	dek
뎨	dye	*	*
되	doe	될	doel
돠	dwa	*	*
돼	dwae	*	*
뒤	dwi	뒷	dwit
둬	dwo	*	*
뒈	dwe	뒝	dweng
듸	dui	*	*

ㄹ			랖	
라	ra		랖	rap
랴	rya		량	ryang
러	reo		*	*
려	ryeo		*	*
로	ro		롭	rop
료	ryo		*	*
루	ru		룬	run
류	ryu		륜	ryun
르	reu		륵	reuk
리	ri		링	ring
래	rae		랭	raeng
럐	ryae		*	*
레	re		*	*
례	rye		*	*
뢰	roe		*	*
롸	rwa		*	*
뢔	rwae		*	*
뤼	rwi		*	*
뤄	rwo		*	*
뤠	rwe		*	*
릐	rui		*	*

ㅁ		맡	
마	ma	맡	mat
먀	mya	*	*
머	meo	먹	meok
며	myeo	면	myeon
모	mo	몸	mom
묘	myo	*	*
메	me	멥	mep
몌	mye	*	*
뫼	moe	묏	moet
뫄	mwa	*	*
뫠	mwae	*	*
뮈	mwi	*	*
뭐	mwo	뭣	mwot
뭬	mwe	*	*
믜	mui	*	*

ㅂ			빛	
바	ba		밥	bap
뱌	bya		*	*
버	beo		법	beop
벼	byeo		볍	byeop
보	bo		복	bok
뵤	byo		*	*
베	be		*	*
볘	bye		*	*
뵈	boe		뵙	boep
봐	bwa		빛	bit
봬	bwae		*	*
뷔	bwi		*	*
붜	bwo		*	*
붸	bwe		*	*
븨	bui		*	*

ㅅ			삽	
사	sa		삳	sat
샤	sya		*	*
서	seo		섭	seop
셔	syeo		*	*
소	so		솟	sot
쇼	syo		*	*
세	se		셋	set
셰	sye		*	*
쇠	soe		쇤	soen
솨	swa		솰	swal
쇄	swae		*	*
쉬	swi		쉿	swit
숴	swo		*	*
쉐	swe		*	*
싀	sui		*	*

ㅇ	앞

아	a	앞	ap
야	ya	양	yang
어	eo	엉	eong
여	yeo	영	yeong
오	o	옹	ong
요	yo	용	yong
에	e	엥	eng
예	ye	옛	yet
외	oe	왼	oen
와	wa	왕	wang
왜	wae	왱	waeng
위	wi	윙	wing
워	wo	원	won
웨	we	웩	wek
의	ui	*	*

ㅈ		잦	
자	ja	잦	jat
쟈	jya	*	*
저	jeo	젖	jeot
져	jyeo	*	*
조	jo	좆	jot
죠	jyo	*	*
제	je	젠	jen
졔	jye	*	*
죄	joe	죔	joem
좌	jwa	좍	jwak
좨	jwae	좽	jwaeng
쥐	jwi	쥘	jwil
줘	jwo	*	*
줴	jwe	*	*
즤	jui	*	*

ㅊ		찿	
차	cha	찿	chat
챠	chya	*	*
처	cheo	첫	cheot
쳐	chyeo	*	*
초	cho	촛	chot
쵸	chyo	*	*
체	che	쳇	chet
쳬	chye	*	*
최	choe	*	*
촤	chwa	촬	chwal
쵀	chwae	*	*
취	chwi	*	*
춰	chwo	*	*
췌	chwe	*	*
츼	chui	*	*

ㅋ		캉	
카	ka	캉	kang
캬	kya	*	*
커	keo	컴	keom
켜	kyeo	켯	kyeot
코	ko	콩	kong
쿄	kyo	*	*
케	ke	켕	keng
켸	kye	*	*
쾨	koe	*	*
콰	kwa	쾅	kwang
쾌	kwae	*	*
퀴	kwi	*	*
쿼	kwo	퀑	kwong
퀘	kwe	퀭	kweng
킈	kui	*	*

ㅌ			탕	
타	ta		탕	tang
탸	tya		*	*
터	teo		텅	teong
텨	tyeo		*	*
토	to		톺	top
툐	tyo		*	*
테	te		텡	teng
톄	tye		*	*
퇴	toe		툇	toet
톼	twa		*	*
퇘	twae		*	*
튀	twi		튕	twing
퉈	two		*	*
퉤	twe		*	*
틔	tui		*	*

ㅍ			팥	
파	pa		팥	pat
퍄	pya		퍅	pyak
퍼	peo		펑	peong
펴	pyeo		평	pyeong
포	po		퐁	pong
표	pyo		푯	pyot
페	pe		펭	peng
폐	pye		*	*
푀	poe		*	*
퐈	pwa		*	*
퐤	pwae		*	*
퓌	pwi		*	*
풔	pwo		*	*
풰	pwe		*	*
픠	pui		*	*

ㅎ		항	
하	ha	항	hang
햐	hya	향	hyang
허	heo	헝	heong
혀	hyeo	형	hyeong
호	ho	홑	hot
효	hyo	*	*
헤	he	헹	heng
혜	hye	*	*
회	hoe	횡	hoeng
화	hwa	황	hwang
홰	hwae	횅	hwaeng
휘	hwi	휩	hwip
훠	hwo	훤	hwon
훼	hwe	휑	hweng
희	hui	흿	huing

| 제 2장 |

현 로마자 표기법의 내용 해설

이 장에서는 현행 국어로마자표기법 항목 순서에 따라서 실제표기와 주요해설을 진행한다. 단, 본 장에서의 로마자 표기는 학습자의 이해를 돕기 위하여 한국어 음절단위로 표기한다.

2.1 단모음

ㅏ	ㅓ	ㅗ	ㅜ	ㅡ	ㅣ	ㅐ	ㅔ	ㅚ	ㅟ
a	eo	o	u	eu	i	ae	e	oe	wi

해설 1.

우리 한글의 모음 앞에 **음가 없는** '**ㅇ**'은 로마자에서는 표기가 되지 않는다. 예로, '영'에서 첫머리의 'ㅇ'은 음가가 없고, **종성(받침)의** '**ㅇ**'의 음가는 로마자 'ng'[ŋ, 응]이다.

예시 1) **ㅏ → a**

'아이' → **a** i

'아가' → **a** g**a**

'아기' → **a** gi

'아가리' → **a** g**a** ri

'아가미' → **a** g**a** mi

ㅓ → **eo**

'엉엉' → **eo**ng **eo**ng

'어가' → **eo** ga

'어거리' → **eo** g**eo** ri

'어감' → **eo** gam

'어구머니' → **eo** gu m**eo** ni

ㅗ → o

'오이' → **o** i

'오고 가다' → **o** g**o** ga da

'오곡' → **o** g**o**k

'오곰' → **o** g**o**m

'오공' ← **o** g**o**ng

ㅜ → u

'우구' → **u** g**u**

'우궁' → **u** g**u**ng

'우거지' → **u** geo ji

'우국지사' → **u** g**u**k ji sa

'우군' → **u** g**u**n

ㅡ → eu

'으그러지다' → **eu** g**eu** reo ji da

'얼음' → eol **eu**m

'으늑히' → **eu** n**eu**k hi

'으드득' → **eu** d**eu** d**eu**k

'으뜸' → **eu** tt**eu**m

* 상기 예시 단어 중에서 음가 있는 'ㅇ'의 단어를 찾아보십시오.

해설 2.

한글의 단모음 10개는 5개의 로마자 결합으로 문자 대 문자 대응 표기한 것이다. 따라서 상기 단모음 10개는 해당되는 로마자 표기로 그대로 익혀야 한다.

예시 2) **ㅣ → i**

'이기다' → **i** g**i** da
'이기대' → **i** g**i** dae
'이기심' → **i** g**i** s**i**m
'이기적' → **i** g**i** jeok
'이미' → **i** m**i**

ㅐ → **ae**
'애매하다' → **ae** m**ae** ha da
'애정' → **ae** jeong
'애벌레' → **ae** beol re
'애걸복걸' → **ae** geol bok geol
'애경(哀慶)' → **ae** gyeong

ㅔ → **e**
'에누리' → **e** nu ri

'~에게' → **e** g**e**

'~에게서' → **e** g**e** seo

'에구머니' → **e** gu meo ni

ㅚ → **oe**

'외외가(外外家)' → **oe** **oe** ga

'외아들' → **oe** a deul

'외동아들' → **oe** dong a deul

'외외하다' → **oe** **oe** ha da

'외우다' → **oe** u da

ㅟ → **wi**

'위로' → **wi** ro

'위뒷문' → **wi** d**wi**t mun

'위험' → **wi** heom

'어휘' → eo h**wi**

'우리들 위에' → u ri deul **wi** e

해설 3.

한글 모음 '어', '으'는 eo, eu로 한다. 현 표기법에서 가장 고심한 부분이다. 종전에는 「어」와「으」를 각각 o와 u위에 움라우트 표시(반달 어깨표 ŏ, ŭ)를 하는 방법으로 구분을 했으나 컴퓨터에서 사용하기 불편해 고쳤다. 「어」를 eo로 하는 것은 1959년 이후 1983년까지 표기법에서 써 본적이 있다.

예시 3) ㅓ→ eo

'어가(御駕)' → **eo** ga

'어버이' → **eo** b**eo** iI

'어처구니' → **eo** ch**eo** gu ni

'어멈' → **eo** m**eo**m

'성주' → S**eo**ng ju

ㅡ → **eu**

'음극' → **eu**m g**eu**k

'음습하다' → **eu**m s**eu**p ha da

'그늘' → g**eu** n**eu**l

'그을음' → g**eu** **eu**l **eu**m

'금곡' → G**eu**mgok

2.2 이중모음

ㅑ	ㅕ	ㅛ	ㅠ	ㅒ	ㅖ	ㅘ	ㅙ	ㅝ	ㅞ	ㅢ
ya	yeo	yo	yu	yae	ye	wa	wae	wo	we	ui

해설 1.

우리말의 단순모음 + 구개음(혀끝이 위 앞니 뒤 경구개에 가서 조음되는 음: 로마자로는 이 구개음을 'y'로 표기함)을 이중모음이라고 칭하고 있다. 이들 또한 한글 이중모음자와 로마자 이중모음자 조합을 문자 대 문자 대응표기를 익혀야 한다.

해설 2.

우리말은 음절단위{(자음)+모음+(자음)}로 구성되므로 음절별 로마자 표기로 학습하는 것이 바람직하다.

* 대괄호{ }속의 ( )는 있을 수도 있고 없을 수도 있음을 나타내고 있다.

예시 4) ㅑ → ya

'야야(夜夜)' → **ya ya**
'야양(野羊)' → **ya ya**ng
'야영' → **ya** yeong
'야유회' → **ya** yu hoe
'야간' → **ya** gan

ㅕ → yeo

'여열' → **yeo** **yeo**l

'여력' → **yeo** r**yeo**k

'여염가' → **yeo** **yeo**m ga

'여명' → **yeo** m**yeo**ng

'여영(餘榮)' → **yeo** **yeo**ng

ㅛ → yo

'요요(搖搖) 하다' → **yo** **yo** ha da

'요용' → **yo** **yo**ng

'요인' → **yo** in

'요일'→ **yo** il

'요즘' → **yo** jeum

ㅠ → yu

'유유히' → **yu** **yu** hi

'유류' → **yu** r**yu**

'유휴지' → **yu** h**yu** ji

'유리' → **yu** ri

'유용' → **yu** yong

ㅒ → **yae**

'얘' → **yae**

'얘기' → **yae** gi

'얘기책' → **yae** gi chaek

'얘기판' → **yae** gi pan

'얘깃거리' → **yae** git geo ri

'얘깃주머니' → **yae** git ju meo ni

ㅖ → **ye**

'예예' → **ye ye**

'예배'→ **ye** bae

'예가(禮家)' → **ye** ga

'예외' → **ye** oe

'예언' → **ye** eon

해설 3.

우리말의 **'ㅗ' 와 'ㅜ'는 원순성**을 고려하여 로마자 'w'를 뒤에 오는 모음과 결합하여 표기하고 있다.

ㅘ → **wa**

'와와' → **wa wa**

‘와공(瓦工)’ → **wa** gong

‘와전’ → **wa** jeon

‘와송(瓦松)’ → **wa** song

‘와해’ → **wa** hae

ㅙ → **wae**

‘왜왜’ → **wae wae**

‘왜식’ → **wae** sik

‘왜관’ → **wae** gwan

‘왜요’ → **wae** yo

‘왜화(矮花)’ → **wae** hwa

ㅝ → **wo**

‘워낙’ → **wo** nak

‘워낭’ → **wo** nang

‘워글대다’ → **wo** geul dae da

‘워걱대다’ → **wo** geok dae da

‘원가’ → **wo**n ga

ㅞ → **we**

‘웨다’ → **we** da

‘웬일’ → **we**n il

'훼손' → h**we** son

'웬걸' → **we**n geol

'웬만큼' → **we**n man keum

ㅢ → **ui**

'의의' → **ui** **ui**

'의사' → **ui** sa

'의견' → **ui** gyeon

'의기' → **ui** gi

'의관' → **ui** gwan

예시 5) 「ㅢ」는 「ㅣ」 또는 「ㅔ」로 소리 나더라도 ui로 적는다. 다만, 단어의 첫음절 이외의 '의'는 [ㅣ]로, 조사 '의'는 [ㅔ]로 발음되어도 표기는 ui로 한다.

ㅢ → [이] → ui

'민주주의[이]' → min ju ju **ui**

'광희[히]문' → Gwang h**ui** mun

'경의[이]' → gyeong **ui**

'협의[이]' → hyeop **ui**

'강의[이]'→ gang **ui**

<u>ㅢ → [에] → ui</u>

'우리의[에]' → u ri <u>**ui**</u>

'강의의[에]' → gang **ui** <u>**ui**</u>

'나의[에]' → na <u>**ui**</u>

'너의[에]' → neo <u>**ui**</u>

'철수의[에] 책' → Cheol su <u>**ui**</u> chaek

예시 6) 자음을 첫소리로 가지고 있는 음절의 'ㅢ'는 [ㅣ]로 발음한다. 그러하여도 표기는 ui로 한다. (**표준발음법 제5항**)

ㅢ → [이] → <u>ui</u>

'늴리리[닐리리]' → n<u>**ui**</u>l li ri

'무늬[무니]' → mu n<u>**ui**</u>

'희어[히어]' → h<u>**ui**</u> eo

'씌어[씨어]' → ss<u>**ui**</u> eo

'틔어[티어]' → t<u>**ui**</u> eo

예시 7) 국어 장모음과 단모음 표기는 같다.

'눈(eyes)' → nun

'눈[눈 :](snow)' → n**u**n

'말(horse)' → m**a**l

'말[말 :](sound)' → m**a**l

'밤(night)' → b**a**m

'밤[밤 :](chestnut)' → b**a**m

'공(marits)' → g**o**ng

'공[공 :](ball)' → g**o**ng

'병(bottle)' → b**yeo**ng

'병[병 :](illness)' → b**yeo**ng

* * *

'고장(hometown)' → g**o** jang

'고장[고 : 장](trouble)' → g**o** jang

'회의(unbelief)' → h**oe** ui
'회의[회 : 의](meeting)' → h**oe** ui

'의사(doctor)' → **ui** sa
'의사[의 : 사](intention)' → **ui** sa

'정도(grade)' → j**eo**ng do
'정도[정 : 도](justice)' → j**eo**ng do

'사고(consideration)' → s**a** go
'사고[사 : 고](accident)' → s**a** go

2.3 파열음

해설 1.

ㄱ, ㄷ, ㅂ은 **모음 앞**에서는 각각 g, d, b로 한다.

예시 8) ㄱ → g

'가곡' → **G**a **g**ok

'김포' → **G**im po

'고구마' → **g**o **g**u ma

'구리' → **g**u ri

'백암' → bae **g**am

ㄷ → **d**

'대구' → **D**ae gu

'도라지' → **d**o ra ji

'두부' → **d**u bu

'대전' → **D**ae jeon

'독도' → **D**ok **d**o

ㅂ → **b**

'부산' → **B**u san

'호법' → ho **b**eop

'버선' → **b**eo seon

'부천' → **B**u cheon

'부자' → **b**u ja

해설 2.

ㄱ, ㄷ, ㅂ이 **자음 앞**에서나 **어말**에 위치할 때는 각각 k, t, p로 적는다.

예시 9) ㄱ → k

'각기병'→ ga**k** gi byeong

'박달재' → Ba**k** dal jae

'속초' → So**k** cho

* * *

'묵독(默讀)' → muk do**k**

‘공격’ → gong gyeo**k**

‘사각’ → sa ga**k**

ㄷ → **t**

‘돋보기’ → do**t** bo gi

‘듣기’ → deu**t** gi

‘숟가락’ → su**t** ga rak

* * *

‘곧’ → go**t**

‘굳(구덩이)’ → gu**t**

‘뭍[묻]’ → mu**t**

ㅂ → **p**

‘합덕’ → Ha**p** deo**k**

‘법사’ → beo**p** sa

‘압구정’ → A**p** gu jeong

* * *

‘삽(shovel)’ → sa**p**

‘밥’ → ba**p**

‘갑(甲)’ → ga**p**

해설 3.

우리말 모음 앞에서 ㅋ, ㅌ, ㅍ, ㅊ은 각각 k, t, p, ch로 한다.

예시 10) ㅋ → k

'칼자루' → kal ja ru

'콩가루' → kong ga ru

'코끼리' → ko kki ri

'크기' → keu gi

'큰댁'→ keun daek

ㅌ → t

'태백산' → Tae baek san

'태극기' → tae geuk gi

'타락' → ta rak

'토요일' → to yo il

'타조' → ta jo

ㅍ → p

'포항' → Po hang

'포도' → Po do

'공포' → gong po

'평양' → Pyeong yang
'포천' → Po cheon

ㅊ → **ch**
'창원' → **Ch**ang won
'청바지' → **Ch**eong ba ji
'총통' → **ch**ong tong
'충주' → **Ch**ung ju
'차량' → **ch**a ryang

해설 4.

국어 파열음 겹자음(된소리) ㄲ, ㄸ, ㅃ은 모음 앞에서 각각 kk, tt, pp로 적는다.

예시 11) ㄲ → kk

'꼬마' → **kk**o ma
'꾸러기' → **kk**u reo gi
'꿀' → **kk**ul
'까마귀' → **kk**a ma gwi
'꼬깔' → **kk**o **kk**al

ㄸ → tt

'따오기'→ **tt**a o gi

'딸' → **tt**al

'딸기' → **tt**al gi

'땅콩' → **tt**ang kong

'떠돌이' → **tt**eo do ri

ㅃ → pp

'빵' → **pp**ang

'빨래' → **pp**al lae

'뻐꾸기' → **pp**eo kku gi

'오빠' → o **pp**a

'뽕나무' → **pp**ong na mu

해설 5.

국어 음운변화로 발생한 된소리는 표기에 반영하지 않는다.

예시 12) ㄲ → kk (×) → g (o)

'압구정'[압꾸정(×)] → Ap **g**u jeong

'합격'[합껵(×)] → hap **g**yeok

'국가'[국까(×)] → guk **g**a

'곡괭이'[고꽹이(×)] → gok **g**waeng I

'입각'[입깍(×)] → ip **g**ak

<u>ㄸ → **tt (×) → d (○)**</u>

'낙동강'[낙똥강(×)] → Nak <u>**d**</u>ong gang

'멧돼지'[메뙈지(×)] → met <u>**d**</u>wae ji

'갑돌이'[갑또리(×)] → gap <u>**d**</u>ol i

'각도'[각또(×)] → gak <u>**d**</u>o

'떡국'[떠꾹(×)] → <u>**d**</u>eok guk

<u>ㅃ → **pp (×) → b (○)**</u>

'죽변'[죽뼌(×)] → Juk <u>**b**</u>yeon

'석방'[석빵(×)] → seok <u>**b**</u>ang

'샛별'[새뼐(×)] → saet <u>**b**</u>yeol

'갯벌'[개뻘(×)] → gaet <u>**b**</u>eol

'막바지'[막빠지(×)] → mak <u>**b**</u>a ji

<u>ㅆ → **ss (×) → s (○)**</u>

'울산'[울싼(×)] → Ul <u>**s**</u>an

'곡사포'[곡싸포(×)] → gok <u>**s**</u>a po

'석사'[석싸(×)] → seok <u>**s**</u>a

'백신'[백씬(×)] → baek <u>**s**</u>in

'실세'[실쎄(×)] → sil <u>**s**</u>e

2.4 파찰음

ㅈ	ㅉ	ㅊ
j	jj	ch

1. 모음 앞에서 ㅈ, ㅉ, ㅊ 은 각각 로마자 **j, jj, ch** 로 표기한다.

예시 13) **ㅈ → j**

'전주' → **J**eon **j**u
'정의' → **j**eong ui
'진주' → **J**in **j**u
'대전' → Dae **j**eon
'지도' → **j**i do

ㅉ → **jj**
'찜' → **jj**im
'짝꿍' → **jj**ak kkung
'찌개' → **jj**i gae
'짜증' → **jj**a **j**eung
'쪽지' → **jj**ok **j**i

<u>ㅊ → **ch**</u>

'옥천' → Ok <u>**ch**</u>eon

'천천히' → <u>**ch**</u>eon <u>**ch**</u>eon hi

'차고' → <u>**ch**</u>a go

'처녀' → <u>**ch**</u>eo nyeo

'철도' → <u>**ch**</u>eol do

2.5 마찰음

ㅅ	ㅆ	ㅎ
s	ss	h

1. 모음 앞의 ㅅ, ㅆ, ㅎ, 은 각각 로마자 s, ss, h 로 표기한다. 종전 및 머킨 라이샤와 표기법에서는 '이' 앞의 ㅅ은 sh로 표기했으나 현행 표기법에서는 위치에 관계없이 s로만 표기한다.

예시 14) ㅅ → s

'세종' → Se jong
'신발' → sin bal
'술잔' → sul jan
'서울' → Seo ul
'수덕사' → Su deok sa

ㅆ → ss

'쌍용차' → ssang yong cha
'싸움' → ssa um
'씨름' → ssi reum

'싸구려' → <u>ss</u>a gu ryeo
'써레질' → <u>ss</u>eo re jil

<u>ㅎ → **h**</u>
'학교' → <u>**h**</u>ak gyo
'하동' → <u>**H**</u>a dong
'허수아비' → <u>**h**</u>eo su a bi
'호빵' → <u>**h**</u>o ppang
'후진' → <u>**h**</u>u jin

2.6 비 음

ㄴ	ㅁ	ㅇ
n	m	ng

1. <u>ㄴ, ㅁ, ㅇ</u> 받침은 각각 로마자 <u>n, m, ng</u> 로 표기한다.

예시 15) ㄴ → <u>n</u>

'남산' → <u>**N**</u>a<u>**m**</u> sa<u>**n**</u>

'나무' → **N**a **m**u

'날개' → **n**al gae

'노다지' → **n**o da ji

'누각' → **n**u gak

ㅁ → **m**

'무주' → **M**u ju

'마을' → **m**a eul

'모친' → **m**o chi**n**

'밀가루' → **m**il ga ru

'여명' → yeo **m**yeo**ng**

ㅇ → **ng**

'양양' → Ya**ng** ya**ng**

'영화' → Yeo**ng** hwa

'영어' → yeo**ng** eo

'엉엉' → eo**ng** eo**ng**

'용산' → Yo**ng** sa**n**

예시 16) 우리말의 ㅇ은 종성(음절의 끝음)에서만 [ŋ]음가가 있다. 따라서 '영' 자와 '어' 자에 있어서 모음 앞에 쓰인 ㅇ은 음가가 없고 음절 형식을 갖추기 위해 붙이는 부호일 뿐이다. 철자 ng가 분리되어서 각각의 발음을 나타낼 때에는 (-)로써 분철해야 한다.

ㅇ → ng(x)

'어이' → eo-i

'우리' → u-ri

'아기' → a-gi

'야구' → ya-gu

'요가' → yo-ga

ㅇ → ng(ㅇ)

'전골'[정골] → jeo**ng-g**ol

'방학' → ba**ng**-hak

'정갈' → jeo**ng-g**al

'능가' → neu**ng-g**a

'낭군' → na**ng-g**un

2.7 유 음

ㄹ
l,r

해설 1.

ㄹ은 **모음 앞**에서는 'r'로 적는다.

예시 17) ㄹ → **r**

'구리' → Gu **r**i

'거름' → geo **r**eum

'나리' → na **r**i

'사랑' → sa **r**ang

'바람' → ba **r**am

'설악' → Seo **r**ak

해설 2.

'ㄹ'은 자음 앞에서나 어말에서는 'l'로 적는다.

예시 18) ㄹ → **l** (자음 앞에서)

'칠곡' → Chi**l** gok

'말복' → ma**l** bok
'갈증' → ga**l** jeung
'살구' → sa**l** gu
'발견' → ba**l** gyeon

ㄹ → **l** (어말에서)
임실' → Im si**l**
'조랑말' → jo rang ma**l**
'길' → gi**l**
'품질' → pum ji**l**
'한글' → Han geu**l**

예시 19) ㄹㄹ → **ll** ('ㄹ'의 발음이 겹쳐서 날 때는 ll로 적는다.)
'울릉' → U**l** **l**eung
'활력' → hwa**l** **l**yeok
'달력' → da**l** **l**yeok
'갈림' → ga**l** **l**im
'열람' → yeo**l** **l**am

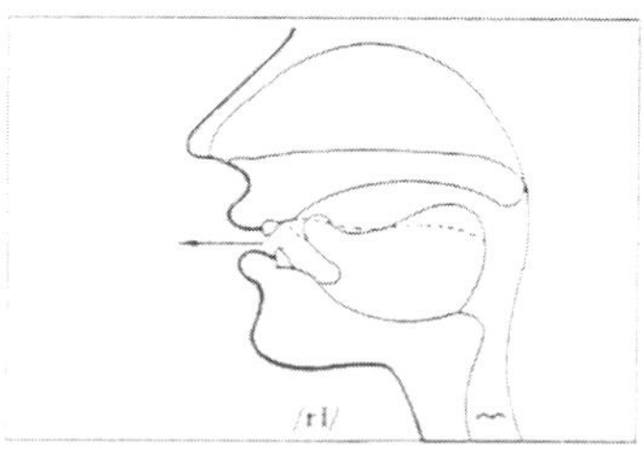

예시 20) 이름에서 일어나는 음운 변화는 표기에 반영하지 않는다.

한복남[한봉남×] → Han Boknam
(Han Bongnam×)

홍빛나[홍빈나×] → Hong Bitna
(Hong Binna×)

조광래[조광내×] → Jo Gwangrae
(Jo Gwang-nae×)

남국문[남궁문×] → Nam Gukmun
(Nam Gungmun×)

백마실[뱅마실×] → Baek Masil
(Bang Masil×)

예시 21) 발음상 혼동의 우려가 있을 때에는 음절 사이에 붙임표 (-)를 쓸 수 있다.

부산 → Bu san

세운 → Se(-)un

해운대 → Hae(-)un dae

세종 → Se(-)jong

서울 → Seo(-)ul

예시 22) 고유명사, 지명은 첫 글자를 대문자로 적는다.

중앙 → Jung(–)ang

세종 → **S**e jong
서울 → **S**eo ul
대전 → **D**ae jeon
포항 → **P**o hang

예시 23) 인명은 성과 이름의 순서로 띄어 쓴다. 이름은 붙여 쓰는 것을 원칙으로 하되 음절 사이에 붙임표(-)를 쓰는 것을 허용한다.

이순신 → I Sunsin (I Sun–sin)

안중근 → An Junggeun (An Jung(-)geun)
김유신 → Gim Yusin (Gim Yu(-)sin)
왕 건 → Wang Geon (Wang Geon)
송시열 → Song Siyeol (Song Si(-)yeol)

예시 24) '도, 시, 군, 구, 읍, 면, 리, 동, 가'의 **행정구역 단위**를 각각 'do, si, gun, gu, eup, myeon, ri, dong, ga'로 적고, 그 앞에는 붙임표(-)를 넣는 것을 예시한 것이다. 붙임표(-) **앞 · 뒤**에서 일어나는 음운 변화는 표기에 반영하지 않는다.

서울시 → Seoul-si

부산시 → Busan-**si**

의정부시 → Uijeongbu-**si**

목포시 → Mokpo-**si**

포항시 → Pohang-**si**

* * *

충청북도 → Chungcheongbuk-**do**

경상남도 → Gyeongsangnam-**do**

강원도 → Gangwon-**do**

황해도 → Hwanghae-**do**

경기도 → Gyeonggi-**do**

* * *

양주군 → Yangju-**gun**

함안군 → Haman-**gun**

창녕군 → Changnyeong-**gun**

신안군 → Sinan-**gun**

거창군 → Geochang-**gun**

* * *

도봉구 → Dobong-**gu**

영등포구 → Yeongdeungpo-**gu**

동래구 → Donglae-**gu**

강서구 → Gangseo-**gu**

광산구 → Gwangsan-**gu**

* * *

신창읍 → Sinchang-**eup**

진영읍 → Jinyeong-**eup**

봉담읍 → Bongdam-**eup**

삼례읍 → Samlye-**eup**

흥해읍 → Heunghae-**eup**

* * *

월항면 → Wolhang-**myeon**

동해면 → Donghae-**myeon**

칠원면 → Chilwon-**myeon**

장안면 → Jangan-**myeon**

소초면 → Socho-**myeon**

* * *

인왕리 → Inwang-**ri**

예산리 → Yesan-**ri**

지방리 → Jibang-**ri**

매곡리 → Maegok-**ri**

인촌리 → Inchon-**ri**

*　*　*

대연3동 → Daeyeon 3(sam)-**dong**

명동 → Myeong-**dong**

상무2동 → Sangmu 2(i)-**dong**

봉천1동 → Bongcheon 1(il)-**dong**

합성동 → Hapseong-**dong**

*　*　*

퇴계로 3가 → Toegyero 3(sam)-**ga**

종로 2가 → Jongno 2(i)-**ga**

을지로 1가 → Euljiro 1(il)-**ga**

태평로 1가 → Taepyeongno 1(il)-**ga**

소양로 2가 → Soyangno 2(i)-**ga**

예시 25) '시, 군, 읍'의 행정구역 단위는 생략할 수 있다.

부산시 → Busan

대전시 → Daejeon

청주시 → Cheongju

춘천시 → Chuncheon

동해시 → Donghae

양산시 → Yangsan

* * *

함평군 → Hampyeong

고성군 → Goseong

정선군 → Jeongseon

홍천군 → Hongcheon

의령군 → Uiryeong

* * *

신창읍 → Sinchang

기장읍 → Gijang

여주읍 → Yeoju

태안읍 → Taean

하동읍 → Hadong

예시 26) 자연지명물은 붙임표(-)없이 붙여 쓴다.

남산 → Nam<u>san</u>

독도 → Dok**<u>do</u>**

한라산 → Halla**<u>san</u>**

백두산 → Baekdu**<u>san</u>**

속리산 → Songni**<u>san</u>**

설악산 → Seorak**<u>san</u>**

예시 27) 문화재명은 붙임표(-)없이 본 이름과 붙여 쓴다.

경복궁 → Gyeongbok<u>gung</u>

창덕궁 → Changdeok<u>**gung**</u>

창경궁 → Changgyeong<u>**gung**</u>

안압지 → Anap<u>**ji**</u>

남대문 → Namdae<u>**mun**</u>

공룡화석지 → Gongryonghwaseok<u>**ji**</u>

* * *

조선왕릉 → Joseonwang<u>**neung**</u>

공주무령왕릉→ Gongju Muryeongwang<u>**neung**</u>

제주화산섬 → Jejuhwasan<u>**seom**</u>

제주용암동굴 → Jejuyongam<u>**donggul**</u>

안동하회마을 → Andonghahoe<u>**maeul**</u>

* * *

종묘 → Jong<u>**myo**</u>

숭례문 → Sungrye<u>**mun**</u>

독립문 → Dongnim<u>**mun**</u>

촉석루 → Chokseong<u>**nu**</u>

무량수전 → Muryangsu<u>**jeon**</u>

*　*　*

화랑대 → Hwarang**dae**

이기대 → Igi**dae**

첨성대 → Cheomseong**dae**

다보탑 → Dabo**tap**

석가탑 → Seokga**tap**

*　*　*

남한산성 → Namhansan**seong**

수원화성 → Suwonhwa**seong**

금정산성 → Geumjeongsan**seong**

오죽헌 → Ojuk**heon**

현충사 → Hyeonchung**sa**

*　*　*

불국사 → Bulguk**sa**

석굴암 → Seokgul**am**

통도사 → Tongdo**sa**

해인사 → Haein**sa**

쌍계사 → Ssanggye**sa**

화음사 → Hwaeum**sa**

분황사 → Bunhwang**sa**

법황사 → Beophwang**sa**
조계사 → Jogye**sa**
성불사 → Seongbul**sa**
낙산사 → Naksan**sa**

▶ 학술 연구 논문 등 특수 분야에서 한글 복원을 전제로 표기할 경우에는 로마자 표기법 제2장 표기 일람의 한글 글자 대 로마자 글자 대응 표기로 적고 음운변화는 표기에 반영하지 않는다. 단, 이 때 'ㄱ, ㄷ, ㅂ, ㄹ'은 'g, d, b, l'로만 적는다. 이 때 음가 없는 'ㅇ'은 붙임표(-)로 표기하되 음절 첫머리에서는 생략하는 것을 원칙으로 한다. 기타 분절을 할 필요가 있을 때에는 붙임표(-)를 쓴다.

예시 28) **'ㄱ' → 'g'**

가곡 → ga go**g** (gagok×)
작품 → ja**g** pum (jakpum×)
먹는 → me**og** neun (meongneun×)
학교 → ha**g** gyo (hakgyo x)
득남 → deu**g** nam (deuknam x)

예시 29) 'ㄷ' → 'd'

좋다 → jo**h d**a (jota×)

굳이 → gu**d**-i (guji×)

해돋이 → hae do**d**-i (hae do ji×)

맏이 → ma**d**-i (ma ji x)

묻히다 → mu**d** hi da (mu chi da x)

예시 30) 'ㅂ' → 'b'

집 → ji**b** (jip×)

독립 → Dog li**b** (Dongnip×)

값 → ga**bs** (gap×)

납헌 → na**b** heon (na **p**eon x)

잡혀 → ja**b** hyeo (ja **p**yeo x)

예시 31) 'ㄹ' → 'l'

문리 → mun**l**i (mulli×)

조랑말 → jo**l**angmal (jorangmal×)

물엿 → mu**l**-yeos (mul-nyeot×)

신라 → si**n**la (sil la x)

설악 → seo**l** ag (seo rak x)

예시 32) 음가 없는 'ㅇ' : 단어의 첫머리에서는 (-)을 생략하고, 분절의 필요가 있을 때에는 (-)을 사용한다.

연습 → yeonseub

영어 → **yeo**ng-**eo**

영도다리 → **Yeo**ngdoda-**li**

인사동 → Insa-**dong**

연일읍 → **Yeo**nil-**eub**

* * *

굳이 → gud-**i**

좋고 → johgo

짚 → jip

독립 → doglib

가곡 → gagog

* * *

먹는 → meogneun

문리 → munli

좋다 → johda

조랑말 → jolangmal

붓꽃 → buskkoch

* * *

앉다 → anj-da

갔습니다 → gass-seub-ni-da

왔습니다 → wass-seub-ni-da

있습니다 → iss-seub-ni-da

없었습니다 → eobs-eoss-seub-ni-da

| 제3장 |

국어 음운변화와 로마자 표기

본 장에서는 국어로마 표기법(2000. 7. 7) 제 1장 제 1항 「국어 로마자 표기는 국어의 표준 발음법에 따라 적는 것을 원칙으로 한다.」의 취지에 맞게 한글맞춤법과 국어표준발음법에 따라서 우리말의 닿소리(자음)가 동화작용의 영향으로 소리의 변화가 일어난 것의 결과음을 로마자로 표기한다.

방법 \ 자리		입술	혀끝	센입천장	여린입천장	목청
터짐	약한	p(ㅂ)	t(ㄷ)		k(ㄱ)	
	된	p'(ㅃ)	t'(ㄸ)		k'(ㄲ)	
	거센	p^h(ㅍ)	t^h(ㅌ)		k^h(ㅋ)	
붙갈이	약한			tʃ(ㅈ)		
	된			tʃ'(ㅉ)		
	거센			$tʃ^h$(ㅊ)		
갈이	약한		s(ㅅ)			
	된		s'(ㅆ)			
코		m(ㅁ)	n(ㄴ)		ŋ(ㅇ)	
흐름			l(ㄹ)			

우리말의 닿소리 체계(박종덕 2008:83)

3.1 받침소리의 변화

예시 33) 받침 ㄱ(ㄲ, ㅋ, ㄳ, ㄺ)이 ㄴ앞에서는 ㅇ으로 발음 된다.(**표준발음법 제18항**)

각남[강남] → gang nam

덕남[덩남] → deo**ng** nam

복내[봉내] → bo**ng** nae

석남[성남] → seo**ng** nam

적노[정노] → jeo**ng** no

깎는[깡는] → kka**ng** neun

부엌놀이[부엉노리] → bu eo**ng** no ri

몫나누기[몽나누기] → mo**ng** na nu gi

긁는[긍는] → geu**ng** neun

예시 34) 받침 ㄱ(ㄲ, ㄱ, ㄳ, ㄺ)이 ㅁ앞에서 ㅇ으로 발음된다.(**표준발음법 제18항**)

낙민[낭민] → nang min

덕명[덩명] → deo**ng** myeong

북문[붕문] → bu**ng** mun

식만[싱만] → si**ng** man

백마[뱅마] → bae**ng** ma

키읔만[키응만] → ki eu**ng** man

몫몫이[몽목씨] → mo**ng** mok si

흙만[흥만] → heu**ng** man

예시 35) 받침 ㄷ(ㅅ, ㅆ, ㅈ, ㅊ, ㅌ, ㅎ)은 ㄴ앞에서 ㄴ으로 발음 된다.**(표준발음법 제18항)**

닫는[단는] → dan neun

짓는[진는] → ji**n** neun

있는[인는] → i**n** neun

맞는[만는] → ma**n** neun

쫓는[쫀는] → jjo**n** neun

붙는[분는] → bu**n** neun

놓는[논는] → no**n** neun

예시 36) 받침 ㄷ(ㅅ, ㅆ, ㅈ, ㅊ, ㅌ, ㅎ)은 ㅁ앞에서 ㄴ으로 발음 된다.**(표준발음법 제18항)**

맏물[만물] → man mul

옷맵시[온맵시] → o**n** map si

갓머리[간머리] → ga**n** meo ri

봇물[본물] → bo**n** mul

헛물[헌물] → heo**n** mul

대곳면[대곤면] → Dae go**n**-myeon

엇모리[언모리] → eo**n** mo ri

젓멍울[전멍울] → jeo**n** meong ul

꽃망울[꼰망울] → ggo**n** mang ul

예시 37) 받침 ㅂ(ㅍ, ㄹㅂ, ㄹㅍ, ㅂㅅ)이 ㄴ앞에서는 ㅁ으로 발음된다.**(표준발음법 제18항)**

읍내[음내] → eum nae

밥내음[밤내음] → ba**m** nae eum

입내[임내] → i**m** nae

갑년[감년] → ga**m** nyeon

잡념[잠념] → ja**m** nyeom

값는[감는] → ga**m** neun

밟는[밤는] → ba**m** neun

읊는[읍는] → eu**m** neun

없는[엄는] → eo**m** neun

예시 38) 받침 ㅂ(ㅍ, ㄹㅂ, ㄹㅍ, ㅂㅅ)이 ㅁ앞에서는 ㅁ으로 발음된다.**(표준발음법 제18항)**

압맥[암맥] → am maek

갑문[감문] → ga**m** mun

법무사[범무사] → beo**m** mu sa

밥맛[밤맏] → ba**m** mat

집무[짐무] → ji**m** mu

값매다[감매다] → ga**m** mae da

예시 39) 받침 ㅁ뒤의 ㄹ은 [ㄴ]으로 발음된다.**(표준발음법 제19항)**

탐라[탐나] → Tam na

함락[함낙] → ham **n**ak

삼루[삼누] → sam **n**u

삼락[삼낙] → sam **n**ak

점령[점녕] → jeom **n**yeong

남루[남누] → nam **n**u

예시 40) 받침 ㅇ뒤에 오는 ㄹ은 [ㄴ]으로 발음된다.

(표준발음법 제19항)

강릉[강능] → Gang neung

중리[중니] → Ju**ng** **n**i

청룡[청뇽] → Cheo**ng** **n**yong

동래[동내] → Do**ng** **n**ae

추풍령[추풍녕] → Chu pu**ng** **n**yeong

종례[종네] → Jo**ng n**ye

예시 41) 받침 ㄱ뒤에 연결되는 ㄹ은 [ㄴ]으로 발음된다.

(표준발음법 제19항)

속리산[송니산] → Song ni san

죽림[중님] → ju**ng n**im

백령도[뱅녕도] → Bae**ng n**yeong-do

목록[몽녹] → mo**ng n**ok

복리[봉니] → bo**ng ni**

예시 42) ㄹ앞의 받침 ㅂ은 [ㅁ]으로 되고, 그 ㄹ은 [ㄴ]으로 변한다.

(표준발음법 제19항)

답십리[답심니] → Dap sim ni

왕십리[왕심니] → Wang si**m ni**

압량면[암냥면] → A**m n**yang-myeon

탑림동[탐님동] → Ta**m n**im-dong

압력[암녁] → a**m n**yeok

예시 43) 받침ㄴ은 ㄹ앞에서 [ㄹ]로 발음한다.**(표준발음법 제20항)**

신라[실라] → Sil la

민락[밀락] → Mil lak

만리[말리] → Mal li

문래[물래] → Mul lae

한라[할라] → Hal la

예시 44) 초성 ㄴ은 ㄹ뒤에서 [ㄹ]로 발음한다.**(표준발음법 제20항)**

칼날[칼랄] → kal lal

물난리[물랄리] → mul **l**al ri

줄넘기[줄럼끼] → jul **l**eom gi

할는지[할른지] → hal **l**eun ji

달나라[달라라] → dal **l**a ra

별내[별래] → Byeol **l**ae

월남[월람] → wol **l**am

길녘[길력] → gil **l**yeok

달님[달림] → dal **l**im

발놀림[발롤림] → bal **l**ol lim

예시 45) 첫소리 ㄴ이 'ㄹㅎ', 'ㄹㅌ' 뒤에 연결되는 경우에도 [ㄹ]로 발음된다.**(표준발음법 제20항)**

닳는[달른] → dal leun

뚫는[뚤른] → ttul **l**eun

훑네[할레] → hal **l**e

앓는[알른] → al **l**eun

예시 46) 받침 ㄴ다음에 'ㄹ'이 올 경우 [ㄴ]으로 발음한다.

(표준발음법 제20항)

매산로[매산노] → Mae san no

마천루[마천누] → ma cheon **n**u

서문로[서문노] → Seo mun **no**

북문로[북문노] → Buk mun **no**

남문로[남문노] → Nam mun **no**

예시 47) ㅅ다음에 'ㄴ, ㅁ'이 올 경우에는 [ㄴ]으로 발음한다.

(표준발음법 제30항)

콧날[콘날] → kon nal

아랫니[아랜니] → a rae**n** ni

갓난아이[간난아이] → ga**n** nan a i

샛노랗다[샌노라타] → sae**n** no ra ta

뱃놀이[밴노리] → bae**n** no ri

툇마루[퇸마루] → toe**n** ma ru

뱃머리[밴머리] → bae**n** meo ri

갓머리[간머리] → ga**n** meo ri

냇물[낸물] → naen mul

뒷말[뒨말] → dwin mal

예시 48) 받침 ㄱ(ㄹㄱ), ㄷ(ㄹㅂ), ㅂ(ㄹㅂ), ㅈ(ㄴㅈ)이 뒤 음절 첫 소리 ㅎ과 결합하여 각각[ㅋ, ㅌ, ㅍ, ㅊ]으로 발음한다.**(표준발음법 제12항)**

각하[가카] → ga ka

밝히다[발키다] → bal **ki** da

맏형[마텨ㅇ] → ma **t**yeong

걷혀[거텨] → geo **t**yeo

좁히다[조피다] → jo **pi** da

넓히다[널피다] → neol **pi** da

꽂히다[꼬치다] → kko **chi** da

앉히다[안치다] → an **chi** da

예시 49) 받침 ‘ㅅ, ㅈ, ㅊ, ㅌ’이 ‘ㄷ’으로 발음되고 다음 첫음절에 ‘ㅎ’이 올 경우에는 모두 [ㅌ]으로 발음한다. **(표준발음법 제12항)**

옷 한벌[오탄벌] → o tan beol

숫하다[수타다] → su **t**a da

뜻하다[뜨타다] → tteu **t**a da

낮 한때[나탄때] → na **t**an ttae

꽃 한송이[꼬탄송이] → kko **t**an song i

숱하다[수타다] → su **t**a da

예시 50) 받침 ㅎ(ㄴㅎ, ㄹㅎ)이 다음음절'ㅅ'과 결합되어 발음할 때는 그 'ㅅ'을 [ㅆ]으로 발음한다.**(표준발음법 제12항)** (우리말의 발음으로 생긴 된소리는 로마자표기에 반영하지 않는다.)

닿소[다쏘] → da so

않소[안쏘] → an **s**o

많소[만쏘] → man **s**o

싫소[실쏘] → sil **s**o

예시 51) 받침 ㅎ(ㄴㅎ, ㄹㅎ)뒤에 첫음절'ㄴ'과 결합되는 경우에는 [ㄴ]으로 발음한다.**(표준발음법 제12항)**

놓는[논는] → non neun

쌓네[싼네] → ssa**n** ne

않네[안네] → a**n** ne

않는[안는] → a**n** neun

뚫네[뚤네→뚤레] → ttul le

뚫는[뚤는→뚤른] → ttul leun

예시 52) 받침 ㅎ(ㄴㅎ, ㄹㅎ)뒤에 첫음절이 모음으로 시작되면 이'ㅎ'은 발음하지 않는다.**(표준발음법 제12항)**

낳은[나은] → na eun

놓아[노아] → no **a**

쌓이다[싸이다] → ssa **i** da

많아[마: 나] → ma **na**

않은[아는] → a **n**eun

예시 53) 홑받침 또는 쌍받침 다음에 모음으로 시작되는 음절이 왔을 때는 그 받침의 음가는 그대로 발음한다. **(표준발음법 제13항)**

옷이[오시] → o si

낮이[나지] → na **j**i

꽃을[꼬츨] → kko **ch**eul

밭에[바테] → ba **t**e

덮이다[더피다] → deo **p**i da

깎아[까까] → kka **kk**a

있어[이써] → i **ss**eo

예시 54) 겹받침다음에 모음으로 음절이 시작될 경우에는 뒤의 받침을 뒤 음절 첫소리로 옮겨 발음한다.(이 경우에 'ㅅ'은 된소리로 발음함.) **(표준발음법 제14항)**

앉아[안자] → an ja

닭을[달글] → dal **g**eul

젊어[절머] → jeul **m**eo

핥아[할타] → hal **t**a

읊어[을퍼] → eul **p**eo

넋이[넉씨] → neok **s**i

값을[갑쓸] → gap **s**eul

없어[업써] → eop **s**eo

예시 55) 받침 뒤에 음절이 모음 'ㅏ, ㅓ, ㅗ, ㅜ, ㅟ'로 시작되는 실질형태소가 연결될 경우에는 다음 음절의 첫소리를 대표음(앞 음절 받침의 실제 소리)으로 바꾸어 발음한다.**(표준발음법 제15항)**

넋 없다[너겁따] → neo geop da

늪 앞[느밥] → neu **b**ap

젖어미[저더미] → jeo **d**eo mi

맛없다[마덥다] → ma **d**eop da

겉옷[거돗] → geo **d**ot

헛웃음[허두슴] → heo **d**u seum
꽃 위[꼬뒤] → kko **d**wi

예시 56) 겹받침뒤에 모음'ㅏ, ㅓ, ㅗ, ㅜ, ㅟ'로 시작되는 실질형태소가 연결되는 경우에는 그 중 하나만을 옮겨 발음한다.**(표준발음법 제15항)**

닭 앞에[다가페] → da **g**a pe
값어치[가버치] → ga **b**eo chi
값있는[가빈는] → ga **b**in neun
닮은[달믄] → dal meun

3.2 소리의 첨가

예시 57) 앞 단어나 접두사의 끝이 자음(ㄴ, ㅁ, ㅇ)으로 발음되고, 뒤 단어의 첫 음절이 '이, 야, 여, 요, 유' 인 경우에는, 'ㄴ'소리를 첨가하여 발음한다.**(표준발음법 제29항)**

솜이불[솜니불] → som ni bul

홑이불[혼니불] → hon **n**i bul

내복약[내봉냑] → nae bong **n**yak
안양[안냥] → An **n**yang

금연[금년] → geum **n**yeon
향연[향년] → hang **n**yeon

한여름[한녀름] → han **n**yeo reum
학여울[항녀울] → hang **n**yeo ul
신여성[신녀성] → sin **n**yeo seong

눈요기[눈뇨기] → nun **n**yo gi
금욕[금뇩] → geum **n**yok

영업용[영엄뇽] → yeong eom **n**yong

식용유[시교ㅇ뉴] → si gyong **n**yu

예시 58) 종성(받침) 'ㄹ'다음에 모음이 올 경우에 실제발음에서 'ㄹ' 발음이 추가되는 경우 **(표준발음법 제29항)**

알약[알략] → al lyak

물약[물략] → mul **l**yak
불여우[불려우] → bul **l**yeo u
서울역[서울력] → Seoul **l**yeok
물엿[물렫] → mul **l**yet

알요강[알료강] → al **l**yo gang

날윷[날륟] → nal **l**yut
휘발유[휘발류] → hwi bal **l**yu
떡갈잎[떡갈립] → ddeok gal **l**ip
날입[날립] → nal **l**ip
들일[들릴] → deul **l**il
솔잎[솔립] → sol **l**ip
설익다[설릭따] → seol **l**ik da

예시 59) 모음 앞에서의 받침으로 쓰인 두 개의 받침 문자는 각각 발음된다.

젊어[절머] → jeol meo

앉아[안자] → an ja
읽어[일거] → il geo
핥아[할타] → hal ta
넓이[널비] → neol bi

예시 60) 받침으로 쓰인 겹자음 다음의 음절이 자음으로 시작할 때는 첫째받침은 그대로 사용하고 둘째받침은 음 변화에 따른다.

싫다[실타] → sil ta

많지[만치] → man chi
없고[업꼬] → eop go
앉다[안따] → an da
핥다[할따] → hal da

예시 61) 앞의 예시50)의 예외가 되는 것은 다음 세 가지 두 겹자음 받침 ㄹㄱ, ㄹㅁ, ㄹㅂ에서 ㄹ 은 발음되지 않는다.

읽다[익다] → ik da

읽는[잉는] → **ing** neun
밟지[밥지] → ba**p** ji
밟는[밥는] → ba**p** neun
닮고[담고] → da**m** go

※ 이때 ㄹ이 발음 되는 것은 뒤의 음절이 모음으로 시작할 때만 발음된다.

읽어[일거] → **il** geo
읽을거리[일글거리] → **il** geul geo ri
밟아[발바] → ba**l** ba
밟어[발버] → ba**l** beo
닮아[달마] → da**l** ma
닮은[달믄] → da**l** meun

예시 62) 받침(종성)으로 쓰인 ㄷ, ㅅ, ㅈ, ㅊ, ㅌ, ㅎ, ㅆ, ㅉ 은 로마자 t 로 표기한다.

· 디귿(ㄷ) → di geut

돋보기 → do**t** bo gi
받침 → ba**t** chim
맏아들 → ma**t** a deul
숟가락 → su**t** ga rak

· 시옷(ㅅ) → siot

돗자리 → dot ja ri

낫 → nat

옷 → ot

못 → mot

엿 → yeot

셋 → set

· 지읒(ㅈ) → jieut

낮 → nat

젖 → jeot

맞춤법 → mat chum beop

간절곶 → Gan jeol got

잦다 → jat da

· 치읓(ㅊ) → chieut

꽃 → kkot

숯 → sut

덫 → deot

낯 → nat

윷 → yut

돛단배 → dot dan bae

· 티읕(ㅌ) → ti eu**t**

한밭 → han ba**t**

숱 → su**t**

밑반찬 → mi**t** ban chan

낱말 → na**t** mal

끝 → kkeu**t**

바깥 → ba kka**t**

· 히읗(ㅎ) → hieu**t**

닿소리 → da**t** so ri

닿치다 → da**t** chi da

닿다 → da**t** da

예시 63) 종성(받침)으로 쓰인 ㄲ은 [ㄱ]으로만 발음된다.

밖[박] → bak

낚시[낙시] → na**k** si

닦이[닥기] → da**k** gi

낚이[낙기] → na**k** gi

깎다[깍다] → kka**k** da

예시 64) 받침ㅅ 뒤에 '이' 소리가 올 때에는 ㅅ은 [ㄴ]으로 발음되고, 없었던 ㄴ이 다음 모음에 첨가되어 실제발음은 [ㄴ, ㄴ]이 된다.**(표준발음법 제30항)**

베갯잇[베갠니ㄷ] → be gaen nit

깻잎[깬닙] → kkae**n** **n**ip

나뭇잎[나문닙] → na mu**n** **n**ip

뒷윷[뒨뉴ㄷ] → dwi**n** **n**yut

도리깻열[도리깬녈] → do ri kkae**n** **n**yeol

3.3 구개음화

예시 65) 'ㄷ'과 'ㅌ(ㄹㅌ)'의 혀끝위치는 치경이지만 혀끝이 경구개(앞 입천장)에 가는 모음 'ㅣ'의 영향으로 뒤 음절 첫소리는 [ㅈ]과 [ㅊ]으로 발음한다. **(표준발음법 제17항)**

ㄷ → ㅈ

해돋이[해도지] → hae do **ji**

굳이[구지] → gu **ji**

맏이[마지] → ma **ji**

미닫이[미다지] → mi da **ji**

턱받이[턱바지] → teok ba **ji**

ㅌ → ㅊ

같이[가치] → ga **chi**

솥이[소치] → so **chi**

낱낱이[난나치] → nat na **chi**

끝이[끄치] → kkeu **chi**

ㄹㅌ → ㅊ

벼훑이[벼훌치] → byeo hul **chi**

예시 66) 받침 ㄷ 뒤에 '히'가 올 경우에는 [치]로 발음한다.

(표준발음법 제17항)

굳히다[구치다] → gu chi da

묻히다[무치다] → mu **ch**i da

닫히다[다치다] → da **ch**i da

갇히다[가치다] → ga **ch**i da

받히다[바치다] → ba **ch**i da

3.4 거센소리(기음氣音)

예시 67) 'ㅈ' + 'ㅎ'은 실제발음에서 [ㅊ]으로 발음된다.
(표준발음법 제12항)

맞히다[마치다] → ma chi da

맺히다[매치다] → mae **chi** da
젖히다[저치다] → jeo **chi** da
잦히다[자치다] → ja **chi** da
잦혀[자쳐] 지다→ ja **ch**yeo ji da

예시 68) 'ㅎ'(ㄴㅎ, ㄹㅎ) 다음의 'ㄱ, ㄷ, ㅈ'이 결합되는 경우에는 뒤 음절의 첫소리는 [ㅋ, ㅌ, ㅊ]으로 발음한다. (우리말의 ㄱ, ㄷ, ㅂ, ㅈ은 ㅎ과 합해질 때에는 거센소리(기음氣音)로 발음된다.)

좋고[조코] → jo ko

놓고[노코] → no **ko**p
넣고[너코] → neo **ko**
닿고[다코] → da **ko**
쌓고[싸코] → ssa **ko**
많고[만코] → man **ko**

* * *

좋다[조타] →jo **t**a

놓다[노타] →no **t**a

넣다[너타] →neo **t**a

닿다[다타] →da **t**a

쌓다[싸타] →ssa **t**a

않던[안턴] →an **t**eon

* * *

눕혀[누펴] →nu **p**yeo

납헌[나펀] →na **p**eon

잡혀[자펴] →ja **p**yeo

접히[저피]다 →jeo **pi** da

굽히[구피]다 →gu **pi** da

* * *

낳지[나치] →na **chi**

잦히[자치]다 →ja **chi** da

궂히[구치]다 →gu **chi** da

늦호[느토]박 →neu **t**o bak

늦하[느타]늬 → neu **t**a nui

닳지[달치] → dal **ch**i

※ 체언(의미意味 단위로 쓰인 음절)에 쓰인 'ㄱ, ㄷ, ㅂ' 뒤에 쓰인 ㅎ은 ㅎ(h) **그대로 표기**해야 한다

묵호[무코×] → Muk **h**o

복흥면[복킁면x] → Bok **h**eung myeon

북하면[북카면x] → Buk **h**a myeon

집현전[지편전×] → Jip **h**yeon jeon

집현면[지편면x] → Jip **h**yeon myeon

학하동[학카동x] → Hak **h**a dong

박호동[박코동x] → Bak **h**o dong

연습문제

※ 다음 연습문제는 국어의 로마자 표기에서 한 글자를 단일 로마자 또는 로마자조합자로 표기하는 연습문제와 우리말의 음운변화에 따르는 표기 상의 변화를 연습해 볼 수 있는 문제이다. 각자의 로마자표기 실력을 점검하여 보자. 단, 한글복원을 위한 로마자표기문제는 여기서는 제외하였다.

예시 69) 다음 한글로 된 낱말을 로마자로 표기하십시오.

1) 부산 ( )	2) 대구 ( )
3) 합덕 ( )	4) 칼자루 ( )
5) 포항 ( )	6) 청주 ( )
7) 빵 ( )	8) 압구정 ( )
9) 세종 ( )	10) 학교 ( )
11) 마을 ( )	12) 울릉도 ( )
13) 백마 ( )	14) 종로 ( )
15) 알약 ( )	16) 학여울 ( )
17) 해돋이 ( )	18) 맞히다 ( )
19) 묵호 ( )	20) 서울 ( )

21) 이순신 ( )	22) 한복남 ( )
23) 목포시 ( )	24) 강원도 ( )
25) 신안군 ( )	26) 도봉구 ( )
27) 동해면 ( )	28) 매곡리 ( )
29) 상무2동 ( )	30) 퇴계로 3가 ( )
31) 한라산 ( )	32) 경복궁 ( )
33) 오죽헌 ( )	34) 읍내 ( )
35) 복리 ( )	36) 끝이 ( )
37) 능가 ( )	38) 바깥 ( )
39) 엿 ( )	40) 읽다 ( )
41) 석남 ( )	42) 앉아 ( )
43) 낱낱이 ( )	44) 봉천1동 ( )
45) 갓머리 ( )	46) 웬수 ( )
47) 나뭇잎 ( )	48) 밟아 ( )
49) 없고 ( )	50) 좋고 ( )
51) 별내 ( )	52) 답십리 ( )
53) 속리산 ( )	54) 탐라국 ( )
55) 봇물 ( )	56) 법무사 ( )
57) 활력 ( )	58) 정골 ( )
59) 않네 ( )	60) 낚시 ( )

61) 외아들 ( )	62) 에누리 ( )
63) 어휘 ( )	64) 그늘 ( )
65) 훼손 ( )	66) 의견 ( )
67) 광희문 ( )	68) 너의 ( )
69) 설악산 ( )	70) 돋보기 ( )
71) 태극기 ( )	72) 따오기 ( )
73) 빨래 ( )	74) 울산 ( )
75) 까꿍 ( )	76) 씨름 ( )
77) 영화 ( )	78) 헛웃음 ( )
79) 북문 ( )	80) 잡념 ( )
81) 업무 ( )	82) 백암 ( )
83) 동래 ( )	84) 백령도 ( )
85) 식용유 ( )	86) 신라 ( )
87) 월남 ( )	88) 금욕 ( )
89) 홍빛나 ( )	90) 미닫이 ( )
91) 같이 ( )	92) 잦혀 ( )
93) 높다 ( )	94) 늦호박 ( )
95) 핥아 ( )	96) 밟지 ( )
97) 숟가락 ( )	98) 돛단배 ( )
99) 송나리 ( )	100) 의정부시 ( )

예시70)는 예시69)의 연습문제의 정답을 로마자로 표기한 것이다. 이것을 다시 한글로 옮겨 적어 보시오.

1) Busan ( )	2) Daegu ( )
3) Hapdeok ( )	4) kaljaru ( )
5) Pohang ( )	6) Cheongju ( )
7) ppang ( )	8) Apgujeong ( )
9) Sejong ( )	10) hakgyo ( )
11) maeul ( )	12) Ulleung-do ( )
13) baengma ( )	14) Jongno ( )
15) allyak ( )	16) Hangneoul ( )
17) haedoji ( )	18) machida ( )
19) Mukho ( )	20) Seoul ( )
21) I sun(-)sin ( )	22) Han bok(-)nam ( )
23) Mokpo-si ( )	24) Gangwon-do ( )
25) Sinan-gun ( )	26) Dobong-gu ( )
27) Donghae-myeon ( )	28) Maegok-ri ( )
29) Sangmu 2(i)-dong ( )	30) Toegyero 3(sam)-ga ( )
31) Hallasan ( )	32) Gyeongbokgung ( )
33) Ojukheon ( )	34) eumnae ( )

35) bongni ( )	36) kkeuchi ( )
37) neung–ga ( )	38) bakkat ( )
39) yeot ( )	40) ikda ( )
41) seongnam ( )	42) anja ( )
43) natnachi ( )	44) Bongcheon 1(il)–dong ( )
45) ganmeori ( )	46) wensu ( )
47) namunnip ( )	48) balba ( )
49) eopgo ( )	50) joko ( )
51) Byeollae ( )	52) Dapsimni ( )
53) Songnisan ( )	54) Tamnaguk ( )
55) bonmul ( )	56) beommusa ( )
57) hwallyeok ( )	58) jeongol ( )
59) anne ( )	60) naksi ( )
61) oeadeul ( )	62) enuri ( )
63) eohwi ( )	64) geuneul ( )
65) hweson ( )	66) uigyeon ( )
67) Gwanghuimun ( )	68) neoui ( )
69) seolagsan ( )	70) dotbogi ( )
71) taegeukgi ( )	72) ttaogi ( )
73) ppallae( )	74) Ulsan ( )

75) kkakkung ( )	76) ssireum ( )
77) yeonghwa ( )	78) heoduseum( )
79) bungmun ( )	80) jamnyeom ( )
81) eommu ( )	82) Baegam ( )
83) Dongnae ( )	84) Baengnyeong-do( )
85) sigyongnyu( )	86) Silla ( )
87) wollam ( )	88) geumnyok( )
89) Hong Bit-na( )	90 midaji ( )
91) gachi ( )	92) jachyeo ( )
93) nopda ( )	94) neutobak ( )
95) halta ( )	96) bapji ( )
97) sutgarak ( )	98) dotdanbae ( )
99) Song Na-ri ( )	100)Uijeongbu-si( )

|제4장|

국어 로마자 표기 사례

인명, 회사명, 단체명 등은 그동안 써 온 표기를 사용할 수 있다. 그러나 이러한 이름을 새로 지을 경우에는 현 표기법에 따라야 한다. 그리고 그동안 써온 표기를 버리고 현 표기법에 따르고자 할 경우는 적극 권장한다.(로마자 표기법 제 3장 제 7항)

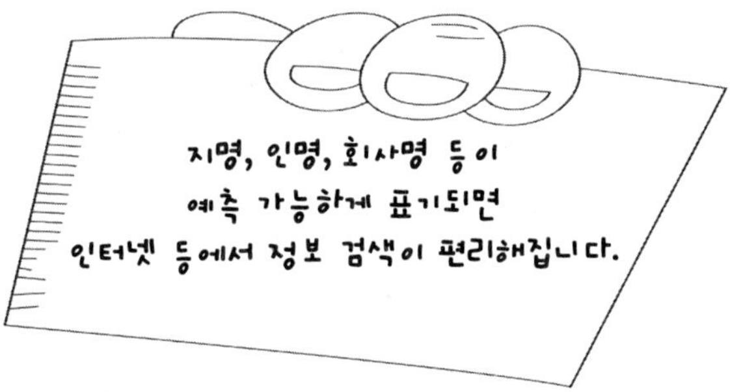

4.1 문화재명(가, 나, 다 순의 표기일람)

ㅇ : 국어의 로마자 표기법과 일치하는 경우

(자료는 인터넷 2009에 근거)

▌Gyeongbokgung (경복궁, 景福宮)

Joseon(조선 朝鮮)을 세운 I Seong-kye(이성계 李成桂)와 그 jijija(지지자)들은 Goryeo(고려)의Seoul(서울)인 Gaegyeong(개경開京)으로부터do-eup(도읍)을 Hanyangseong(한양성漢陽城)으로 옮겨 sindo(신도新都) 경영에 chaksu(착수)하는 dongsi-e(동시에) 1394년 9월에 지은 gung- gwol(궁궐) 이 다.

▌Goryeojeon (고려전, 高麗錢): Hanguk(한국)에서 약 천 년 전 사용된 don(돈))

seonsa(선사)시대 Jung-guk(중국)의 gobun(고분)에서 발견된 우리나라의 jogaedon(조개돈) (Shell money excavated from a prehistoric tomb in China)

■ Namdaemun (남대문 南大門, Sungrye gate 숭례문)

National Treasure 1 (1962.12.20) Seoul-si, Jung-gu , Namdaemun-ro, 4 ga.

Joseonsidae(조선시대) 서울 도성을 둘러싸고 있던 seonggwak(성곽)의 jeongmun(정문)으로 wolnae(원래) ireum(이름)은 Sungryemun(숭례문)이며, namjjok(남쪽)에 있다고 해서 Namdaemun(남대문)이라고도 부른다. 현재 서울에 남아 있는 mokjo(목조) geonmul(건물) 중 가장 오래된 것으로 Taejo(태조) 4년(1395)에 짓기 시작하여 태조 7년(1398)에 wanseong(완성)하였다.

■ Dabotap (다보탑多寶塔)

Gyeongsangbuk-do(경상북도) Gyeongju-si(경주시), Jinhyeon-dong(진현동), 불국사(Bulguksa) 경내에 있는 tongil(통일) Silla(신라)시대의 hwagangseok(화강석)으로 지은 seoktap(석탑).

■ Dojeon (도전, 刀錢 B.C 770-221년)

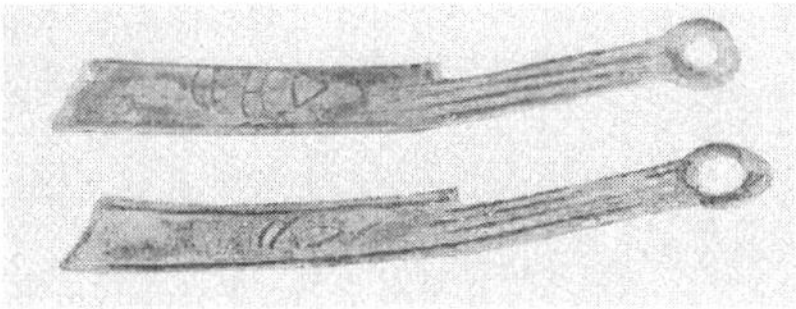

Chunchu-jeon-guk(춘추전국)시대의 tongyong(통용) hwapae(화폐) (길이 14cm, neolbi(넓이) 1.7cm: Knife-shape money, from the Chunchujeonguk Age in China, which is 14cm in length, and 1.7cm in width)

■ Dongnimmun (독립문, 獨立門)

Historical relics No.32(1963.1.21)
1896 (Geonyang il (건양 원년))
Seoul, Seodaemun-gu, Hyeonjeo-dong

1963년 1월 21일 sajeok(사적) 제32호로 jijeong(지정)되었다. 1896년(건양1) Dokniphyeophoe(독립협회)가 한국의 yeong-gu(영구) 독립을 seoneon(선언)하기 위하여 Cheongnara(청淸나라) sasin(사신)을 yeongjeop(영접)하던 Yeongeunmun(영은문 迎恩門) 자리에 전 gukmin(국민)을 상대로 mokeumundong(모금운동)을 하여 세웠다.

Mangwol-dong Gu Cemetery (망월동 구 묘지 : the Old May 18 Cemetery)

Mangwolgongwonmyoji(망월공원묘지) 한쪽 편에 자리한 제3 묘원이 5 · 18 Gwangju(광주) 민중항쟁의 yeolsa(열사)들이 mucheo(묻혀) itdeon(있던) 묘지이다. myobi(묘비)와 bongbun(봉분)은 97년 이전의 moseup(모습)으로 bokwon(복원) · yuji(유지) 되어 있다.

The Mokpo Local Culture Museum (목포향토문화관)

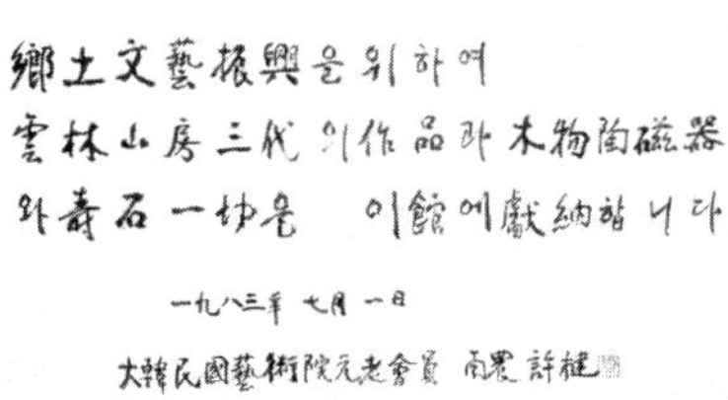

鄕土文藝振興을 위하여
雲林山房三代의 作品과 木物陶磁器
와 壽石一切를 이館에 獻納합니다
一九八三年 七月 一日
大韓民國藝術院元老會員 南農 許楗

The Mokpo Local Culture Museum established in 1983, Various items are exhibited including the works of three generations of Unlimsanbang: So-chi, Mi-san, and Nam-nong.

현판 옮겨 적기: hyangto munye jinheung(향토문예진흥)을 위하여 Unlim sanbang samdae(운림 산방 삼대)의 jakpum(작품)과 mongmul(목물) doye(도예) 자기와 suseok(수석) ilche(일체)를 이 gwan(관)에 헌납합니다. 1983년 7월 1일 Nam-nong(남농) Heo Geon(허건)

▌Mi-indo (미인도: portrait of a woman)

Portrait of a Woman by Sin(Shin x) Yun-bok 조선 hugi(후기)의 pungsokhwaga (풍속화가) Sin yun-bok(신윤복 申潤福:1758~?)의 geurim(그림). 18세기 말기~19세기 중기 Gansong gallery(간송미술관)소장 sero(세로) 114.2㎝, garo(가로) 45.7㎝이다. bidan(비단) wi-e(위에) chaesaek(채색)을 hayeoteum(하였음).

▌Baekja (백자, 白磁)

Baekja(백자)는 Goryeo(고려) 초기부터 Cheongja(청자)와 hamkke(함께) 일부가 mandeuleo(만들어) 졌으며, 그 subeop(수법)은 gyesok(계속)이어져 Joseonsidae(조선시대) 자기의 juryu(주류)를 irugo(이루고) 있다. 백자는 munui(무늬)를 pyohyeon (표현)하는 수법, mulgam(물감・안료)의 jongryu-e(종류에) ttara (따라) bullyudoenda(분류된다).

▌Bunyeojadeul-ui yuram (부녀자들의 유람: Woman's outing)

Women's Outing on D a n o (단오: 5th day of the 5th month) by Hyewon(혜원) Sin Yun-bok(신윤복)

Sin Yun-bok, aho(아호: pen name) was Hyewon(혜원) and Gim (Kim x) Deuk-sin(김득신), pen name was Geungjae(긍재) of the 18th century produced marvelous pungsokhwa (풍속화: genre paintings).

▌Bulguksa (불국사 佛國寺)

Historical relics .1(1963.3.28)
Gyeongsangbuk-do,
Gyeongju-si, Jinhyeon-dong

Bulguksa는 bucheonim-ui(부처님의) hwa-eom jangeom(화엄장엄) 세계인 불국토를 hyeonse(현세)의 sabasegye-e(사바세계에) 화현시킨 yeoljeongjeok-in(열정적인) sinang-ui(신앙의) wanseongche(완성체)이다. 불국사의 Seokgatap-gwa(석가탑과) 다보탑을 birotan(비롯한) 수많은 국보문화재 및 bomulmunhwajae(보물문화재)와 한국의 ttwi-eonan(뛰어난) 불교예술작품들을 매년 수백만의 nae-oe(내외)국인들이 방문한다.

Seodang (서당: Village School)

Seodang by Danwon Gim(Tanwon Kim x) Hong-do

단원 김홍도는 조선후기 daepyo jeok-in(대표적인) 궁중의 hwawon hwaga-ro(화원화가로), 한국적이고 unchi(운치)가 있는 meotjin (멋진) 작품을 그렸다. Seodang (서당)은 그러한 작품 중에 하나로, 당시 서당에서 gongbuhal ttae(공부할 때) 일어난 재미있는 gwanggyeong-eul(광경을) 묘사한 pungsokhwa(풍속화)이다.

Seokguram (석굴암, 石窟庵)

신라 때 오악(五岳)의 하나인 토함산(吐含山)에 자리잡고 있는 한국의 대표적인 Seokgulsachal(석굴사찰).

Gyeongdeokwang(경덕왕)의 명을 받아 Gim Daeseong(김대성)이 전생의 부모를 위해 석굴암을 chakgonghaetdago(착공했다고) 되어 있습니다. 하지만 당시 sanghwang(상황)으로 보아 불교가 가지는 호국불교의 eumi-ro(의미로) 석굴암을 지어 부처님에게 나라를 수호해 dallaneun(달라는) 바램이었을 것으로 보인다.

Suwonseong (수원성, 水原城)

Gyeonggi-do(경기도) Suwon-si (수원시) Jangan-gu(장안구)에 있는 조선 후기의 seongbyeok (성벽). 사적 제3호

크기 : dulle(둘레) 5,744m, giri(길이) 5,520m, nopi(높이) 4.9m~6.2m | myeonjeok(면적) : 18만 8048㎡ | bullyu(분류) : seonggwak(성곽)

Ssang-gyesa (쌍계사, 雙溪寺)

857년(Silla(신라) King Munseong (문성왕) 19) 도선(道詵)이 changgeon (창건)하였다. 절 양옆으로 sinaetmur-i (시냇물이) 흘러서 쌍계사라 불렀다고 하며, 1648년(Joseon(조선) King Injo(인조) 26) Uiung (의웅)(義雄)이 junggeon(중건)하였다.

▌Ssireum (씨름)

Wrestling Match by Gim (Kim x) Hong-do
Danwon Pungsokhwa Cheopjung (단원풍속화첩중)(檀園風俗畵帖中) 조선18세기 huban(후반) jibondamchae(지본담채)
28 x 24cm bomul(보물) 527호 국립 Jungang Bakmulgwan(중앙 박물관) 소장

▌Anapji (안압지, 雁鴨池)

『Samguksagi(삼국사기)』 674년(King Munmu(문무왕) 14) 조(條)를 보면 Gungseong(궁성) 안에 moseul (못을) 파고 산을 만들어 hwacho(화초 花草)를 기르고 jingeumisu (진금이수 珍禽異獸)를 양육하였다고 하였는데, Anapji는 바로 그때 판 yeonmot(연못)이다.

▌5 · 18 Memorial Park (오일팔 묘지)

The 5 · 18 Memorial Park was established in Ssangchon-dong, Seo-gu, Gwangju in the old Sangmundae place.

(5 · 18 Reverence Course)

Democracy Gate - Democracy Square - Memorial Gate - Memorial Square - 5 · 18 Memorial Tower - Graveyard - Shrine - History Gate - 7 Historical Squares - Seungmoru - Outdoor performance area - Old graveyard

▌Ojukheon (오죽헌, 烏竹軒)

Sinsaimdang(신사임당 1504~1551)과 Yulgok(율곡)이이(1536 ~1584)가 태어난 유서 gipeun(깊은) jip(집) 이다.

▌Joseon-byeoljeon coin (조선별전)

Joseon hugi-e(조선후기에) juhwa-ui(주화의) 본보기기나 ginyum hwapye-ro(기념화폐로) 만든 yeopjeon(엽전) dwi-eneun(뒤에는) 주로 jangsikyong-euro (장식용으로) 사용되었다

▌Jongmyojeongjeon (종묘정전, 宗廟正殿)

Jongmyo(종묘)는 조선왕조 yeokdae(역대) imgeum-ui(임금의) sinwi(신위)를 모신 got(곳)으로, Jeongjeon(정전)은 종묘의 중심 건물 Yeong-nyeongjeon(영녕전)과 구분하여 Taemyo(태묘)라 부르기도 한다.

▌Cheomseongdae (첨성대, 瞻星臺)

cheonche(천체)의 움직임을 gwan chal(관찰)하던 Silla(신라) 시대의 cheonmun gwancheokdae(천문관측대)로, batchimdae(받침대) 역할을 하는 기단부(基壇部)위에 sulbyeong(술병)모양의 wontongbu (원통부 圓筒部)를 맨 위에 정(井) 자형 jeongsangbu(정상부, 頂上部)를얹은 moseup(모습)이다.

▌Chusache (추사체, 秋史體)

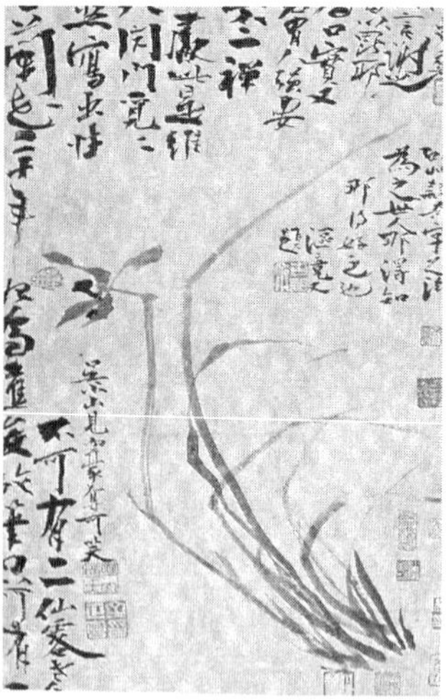

The calligraphy in the Chusa style by Wandang Gim Jeong-hui(Kim Jeong-heui x) New calligraphers such as Gim Jeong-hui (pen names were Chusa and Wandang) arose and contributed toward the development of Korean culture. They created new styles of calligraphy, expressing strong individualism. Gim Jeong-hui established new style called *Chusache*.

▌Tongdosa (통도사, 通度寺)

Gyeongsangnam-do, Yangsan-si, Yeongchuksan, Tongdosa(통도사)는 Seokgamoni(석가모니) 부처님의 진신사리와 가사를 Geumgang(금강) gyedan(계단)에 봉안하고 있기 때문에 통도사는 Dae-ungjeon(대웅전)에 불상이 없는 사찰로 유명하 다.

▌Pagodatap (파고다탑)

Wongaksaji sipcheungseoktap
National treasure No.2
Seoul-si, Jongno-gu, Jongno-2 ga
Pagoda Park내에 위치해 일명 '파고다탑'이라고 불리기도 하는 국보 제2호 원각 사지십층석탑

▌Pajeokdo (파적도, 破寂圖)

Breaking the Calm, a genre painting by Gim (Kim x) Deuk-sin (18c·19c)
재 료 : jong-i (종이) 바탕에 damchaehwa (담채화)
소장처 : Gansong gallery (간송미술관)

▌Palmandaejang gyeong (팔만대장경, 海印寺大藏經板; The Tripitaka Koreana consisting over eighty thousand blocks)

National Treasure 32(1962.12.20)
Gyeongsangnam-do, Hapcheon-gun, Gaya-myeon, Chiin-ri, Haein Temple
경내의 2동(棟)의 Janggyeongpango (장경판고 藏經板庫)에 bogwan (보관) 되어 있는 대장경판

▌Poseokjeong (포석정, 鮑石亭)

Poseokjeong은 The Silla era-e 지어진 Gyeongju의 남산 Seorokgyeryu(서록계류)에 연한 소림 속에 있는, 신라시대 Wangsil(왕실)의 아름다움을 Sangjing(상징)하는 건축물이다. 신라시대에 yusanggoksu(유상곡수 流觴曲水)의 yeonhoe(연회)를 행하던 곳이다.

▌Hahoe mask (하회탈, 河回)

Mask dances and puppet plays became valuable cultural properties of the Koreans. Among the most popular mask dances was Sajatalchum (the Lion Mask Dance). The furniture-makers produced highly artistic and decorative furniture for the *yangban* class.

*Hahoetal*은 Byeolsingut (별신굿)놀이에서 빠질 수 없는 도구로서 *yangban* society를 비판하고 kkujitneun(꾸짖는) 역할을 suhaeng 했으며 일반 pyeongmin을 대상으로 하여 keuge(크게) 성행했다.

▌Hyeonchungsa (현충사, 顯忠祠)

Chungnam Asan-si Yeomchi-eup(鹽峙邑) Baegam-ri(白岩里)에 있는 Early in the Joseon dynasty(조선 전기)의 무신 Chungmugong(충무공) I Sun-sin(李舜臣)의 사당.

사적 제155호. 1706년 (King Sukjong 32) 지방 유생들이 jojeong-e (조정에) 건의하여 세웠으며 이듬해 Sa-aek(賜額) 'Hyeonchungsa'를 받았다.

4.2 국내인명(가, 나, 다 순의 이름 표기일람)

ㅇ : 국어의 로마자 표기법과 일치하는 경우

(자료는 연합통신사 KOREA ANNUAL 1996에 근거)

<개인이 사용한 표기> <권장 표기>

「ㄱ」

강동석 Kang Tong-suk → **Gang Dong(-)seok**

강병호 Kang Byeong Ho → **Gang** ○

강우영 Kang Woo Young → **Gang U(-)yeong**

강 빈 Kang Bin → **Gang** ○

강성현 Kang Sung Hyun → **Gang Seong hyeon**

강한필 Kang Han Pil → **Gang** ○

고병익 Koh Pyong-ik → **Go Byeong(-)ik**

고부안 Ko Buan → **Go** ○

구광시 Koo Kwang-shee → **Gu Gwang(-)si**

구범모 Koo Bum Mo → **Gu Beom(-)mo**

구천서 Koo Cheon Seo → **Gu** ○

국영종 Kook Young Johng → **Gu**k Y**eo**ng(-)j**o**ng

국창근 Kook Chang Keun → **Gu**k Chang(-)**g**eun

권수창 Kwon Soo-chang → **G**won S**u**(-)chang

권순대 Kwon Soon Tae → **G**won S**u**n(-)**d**ae

권이혁 Kwon E Hyock → **G**won **I**(-)h**yeo**k

권익현 Kwon Ik Hyun → **G**won Ik(-)h**yeo**n

금진호 Kum Chin-ho → **Geum** **J**in(-)ho

금창태 Kum Chang Tae → **Geum** ○

김거인 Kim Kur-in → **Gim** **Geo**(-)in

김광섭 Kim Kwang Sup → **G**im **G**wang(-)s**eo**p

김광원 Kim Kwang Won → **G**im **G**wang(-)won

김기덕 Kim Keyduk → **G**im **Gi**(-)d**eo**k

김기춘 Kim Ki Choon → **G**im **Gi**(-)ch**u**n

김기호 Kim Ki Ho → **G**im **Gi**(-)ho

김길환 Kim Kil Hwan → **G**im **Gi**l(-)hwan

김 도 Kim Do → **G**im ○

김동조 Kim Dong Jo → **G**im ○

김동학 Kim Dong Hak → **G**im ○

김두희 Kim Doo-hee → **Gim** **Du**(-)h**ui**

김만복 Kim Man Pok → **G**im Man(-)**b**ok

김명곤 Kim Myung Kon → **G**im M**yeo**ng(-)**g**on

김명근 Kim Myung Kun → **G**im M**yeo**ng(-)**geu**n

김민서 Kim Min Seo → **G**im ○

김병각 Kim Byong-Kak → **G**im B**yeo**ng(-)**g**ak

김병호 Kim By대ng Ho → **G**im ○

김상준 Kim Sang Joon → **G**im Sang(-)j**u**n

김상홍 Kim Sang Hong → **G**im ○

김 선 Kim Sun → **Gim Seon**

김선길 Kim Sun Kil → **G**im Se**o**n(-)**g**il

김성년 Kim Seong Yun → **G**im Seong(-)**nyeon**

김성수 Kim Sung Soo → **G**im Se**o**ng(-)**su**

김세열 Kim Se-Yeul → **G**im Se(-)y**eo**l

김세원 Kim Cae-One → **G**im **Se**(-)**won**

김숙희 Kim Sook He → **G**im S**u**k(-)h**ui**

김순길 Kim Soon Kil → **G**im S**u**n(-)**G**il

김승진 Kim Seung Jin → **G**im ○

김연준 Kim Ryun Joon → **G**im **Yeo**n(-)j**u**n

김영관 Kim Young Kwan → **G**im Y**eo**ng(-)**g**wan

김영세 Kim Young Sei → **G**im Y**eo**ng(-)**se**

김영진 Kim Young Jin → **G**im Y**eo**ng(-)jin

김영희 Kim Young-Hie → **G**im Y**eo**ng(-)h**ui**

김옥균 Kim Ok Kyun → **G**im Ok(-)g**yeu**n

김옥근 Kim Ouk Kun → **G**im Ok(-)**geu**n

김　용 Kim Yong → **Gim** ○

김용환 Kim Yong Hwang → **Gim** ○

김운룡 Kim Un Yung → **Gim** Un(-)**ryo**ng

김운태 Kim Woon Tai → **Gim** **U**n(-)**tae**

김윤성 Kim Yoon Soung → **Gim** Y**u**n(-)s**eo**ng

김인호 Kim In Ho → **Gim** ○

김재전 Kim Jae Joun → **Gim** Jae(-)j**eo**n

김재춘 Kim Jae Choon → **Gim** Jae(-)ch**u**n

김정규 Kim Jung-Kyu → **Gim** J**eo**ng(-)**g**yu

김제완 Kim Jewan → **Gim** ○

김종석 Kim Chong Suk → **Gim** **J**ong(-)s**eo**k

김종하 Kim Jong Ha → **Gim** ○

김주한 Kim Ju Han → **Gim** ○

김지호 Kim Ji Ho → **Gim** ○

김진복 Kim Jin-Pok → **Gim** Jin(-)**b**ok

김진세 Kim Jin Sae → **Gim** Jin(-)s**e**

김찬두 Kim Chan Doo → **Gim** Chan(-)d**u**

김찬욱 Kim Chan Wook → **Gim** Chan(-)**u**k

김충환 Kim Chung Hwan → **Gim** ○

김태호 Kim Tae Ho → **Gim** ○

김태환 Kim Tae Hwan → **Gim** ○

김학원 Kim Hak Won → **Gim** ○

김현철 Kim Hyun Chul → **G**im H**yeo**n(-)ch**eo**l

김　훈 Kim Hun → **G**im　○

김희집 Kim Hie Jip → **G**im H**ui**(-)jip

「ㄴ」

나정웅 Ra Jung-woong → **N**a J**eo**ng(-)**u**ng

나명희 Na Myeong Hee → Na Myeong(-)h**ui**

나지우 Na Ji-U →　○

남　일 Nam Il →　○

남송우 Nam Song-U →　○

남흥우 Nam Heung-woo → Nam Heung-**u**

노관호 Ro Kwan-ho → **N**o Kwan(-)ho

노기태 Roh Ki Tae → **No** **G**i(-)tae

노장우 Noh Chang-wooh →No **Jang**(-)**u**

노정현 Ro Chung Hyun → **No** J**eo**ng(-)h**yeo**n

「ㄷ」

담철곤 Tam Chul-kon → Dam Cheol(-)gon

도명기 Do Myeong-Gi →　○

도명정 To Myung-jung → **D**o My**eo**ng(-)j**eo**ng

도원태 To Won-Tae → **Do**　○

도진석 To Jin-Suk → **Do** Jin(-)s**eo**k

「ㅁ」

문덕수 Moon Dok-soo → M**u**n D**eo**k(-)**su**

문일지 Moon Il-chi → M**u**n Il(-)**ji**

문은모 Moon Eun Mo → M**u**n ○

문인구 Moon In Koo → M**u**n In(-)g**u**

문일지 Moon Il Ji → M**u**n ○

민병석 Min Byung Suk → Min B**yeo**ng(-)s**eok**

민석홍 Min Suk Hong → Min S**eo**k(-)hong

민수홍 Min Soo Hong → Min S**u**(-)hong

민태형 Min Tai Hyung → Min T**ae**(-)h**yeo**ng

민희성 Min Hee-sung → Min H**ui**(-)s**eo**ng

「ㅂ」

박경원 Park Kyung Won → **B**ak **Gyeo**ng(-)won

박규열 Park Kyu-yeol → **B**ak **G**yu(-)yeol

박　근 Park Keun → **B**ak **G**eun

박근우 Park Keun Wu → **B**ak **G**eun(-)**u**

박두복 Park Du Bok → **B**ak ○

박말순 Park Mal-Sun → **B**ak ○

박보무 Park Bo-Mu → **B**ak ○

박봉배 Park Bong Bae → **B**ak ○

박상식 Park Sang-Seek → **B**ak Sang(-)s**i**k

박상은 Park Sang Eun → **B**ak ○

박성규 Park Sung Kyou → **B**ak S**eo**ng(-)**gyu**

박세직 Park Se-chik → **B**ak Se(-)**j**ik

박순태 Park Soon Tae → **B**ak S**u**n(-)tae

박　승 Park Seung → **B**ak ○

박영우 Park young Woo → **B**ak y**eo**ng(-)**u**

박응호 Park Eung-Ho → **B**ak ○

박용환 Park Yong Hwan → **B**ak ○

박우희 Park Woo Hee → **B**ak **U**(-)h**ui**

박유관 Park You Kwang → **B**ak **Yu**(-)**g**wang

박정수 Park Chung Soo → **B**ak **Jeo**ng(-)s**u**

박종호 Park Jong Ho → **B**ak ○

박종철 Park Jong Cheol → **B**ak ○

박철빈 Park Chul Bin → **B**ak Ch**eo**l(-)bin

박해영 Park Hae Young → **B**ak Hae y**eo**ng

박헌기 Park Heon Kee → **B**ak Heon(-)**gi**

박홍식 Park Hong Shik → **B**ak Hong(-)**s**ik

배순훈 Pae Soon-hoon → **B**ae S**u**n(-)h**u**n

배영진 Bae Yeong Jin → ○

배우곤 Bae Woo Gon → Bae **U**(-)gon

백기문 Paik Kee-moon → B**ae**k **Gi**(-)m**u**n

백영훈 Paik Yong Hoon → **Bae**k Y**eo**ng(-)h**u**n

백창기 Baek Chang Gi → ○

변재승 Byun Jae Seung → ○

변재일 Pyun Chae-il → **Byeo**n **J**ae(-)il

「ㅅ」

사공일 Sa Gong Il → ○

서대원 Suh Tae-won → **Seo** **D**ae(-)won

서정주 Suh Jhung Joo → S**eo** J**eo**ng(-)**ju**

설원량 Sul Won Ryang → S**eo**l Won(-)ryang

성재갑 Sung Chae-kab → S**eo**ng **J**ae(-)**gap**

성현아 Sung Hyun a → S**eo**ng Hy**eo**n a

손명원 Sohn Myoung-won → **Son** My**eo**ng(-)won

손보기 Sohn Pokee → S**o**n **B**o(-)**gi**

손장호 Son Jang Ho → ○

손재식 Sohn Jae Shik → S**o**n Jae(-)**sik**

송삼석 Song Sam Suk → Song Sam(-)**seok**

송인상 Song In Sang → ○

송재구 Song Jae Gu → ○

송현섭 Song Hyun Sup → Song H**yeo**n(-)sup

송희연 Song Hee Yhon → Song H**ui**(-)Y**eo**n

신 건 Shin Kuhn → **Sin Geo**n

신기하 Shin Ki-ha → **Sin G**i(-)ha

신동소 Sin Dong So → ○

신두병 Shin Doo Byong → **Sin** D**u**(-)b**yeo**ng

신창언 Shin Chang On → **S**in Chang(-)**eo**n

심완구 Shim Wan Ku → **S**im Wan(-)**g**u

심재륜 Shim Je Ryoon → **S**im J**ae**(-)R**yu**n

심종진 Shim Jong Jin → **S**im ○

「ㅇ」

안광구 Ahn Kwang Kwoo → **A**n **G**wang(-)**gu**

안귀덕 Ahn Kwi Douk → **A**n **G**wi(-)d**eo**k

안동혁 Ahn Tong Hyuk → **A**n **D**ong(-)H**yeo**k

안병훈 Ahn Byung-hoon → **A**n B**yeo**ng(-)h**u**n

안병휘 Ahn Byung Hui → **A**n B**yeo**ng(-)h**wi**

안석태 An Seok Tae → ○

안용득 Ahn Yong Deuk → **A**n ○

안응모 An Eung Mo → ○

안호상 An Ho Sang → ○

양규모 Yang Kyu Mo → Yang **G**yu(-)mo

양상태 Yang Sang Tae → ○

양수일 Yang Soo Gil → Yang S**u**(-)gil

어준선 Auh June-sun → **Eo** Ju**n**(-)s**eo**n

어윤양 Eo Yeun Yang → ○

엄광웅 Eom Gwang Ung → ○

엄낙용 Uhm Rak-yong → **Eo**m **N**ak(-)yong

엄종일 Uhm Chong Il → **Eo**m **J**ong(-)il

오상수 Oh Sang Soo → **O** Sang(-)s**u**

오세응 Oh Se Eung → **O** Se(-)eung

오세중 O Se Jung → ○

오재욱 Oh Jae Wook → **O** Jae(-)**u**k

오정일 Oh Jung Il → **O** J**eo**ng(-)il

옥종석 Ok Jong Suk → Ok Jong(-)s**eo**k

우재승 Woo Chae-seung → **U** **J**ae(-)seung

우동호 U Dong Ho → ○

우찬목 Woo Chan Mok → **U** ○

원정일 Won Chung Il → Won **J**e**o**ng(-)il

원철희 Won Churl Hee → Won Ch**eo**l(-)h**ui**

유병현 Lew Byong-hyon → Yu By**e**ong(-)hy**e**on

유재건 Joo Jay-kun → **Yu** J**ae**(-)**geo**n

유재호 Rew Chae-ho → Yu **J**ae(-)ho

유종근 You Jong-keun → **Yu** Jong(-)**g**eun

유태흥 Yoo Tai-heung → **Yu** T**ae**(-)heung

윤두영 Yoon Too-young → Yun **Du**(-)yeong

윤서성 Yoon Suh-Sung → Yun **Seo**(-)Seong

윤세영 Yoon Se Young → Yun Se(-)yeong

윤장섭 Yoon Chang-sup → **Yun** Jang(-)seop

윤재훈 Yoon Jae Hoon → Yun Jae **hun**

윤 환 Yun Hwan → ○

이건영 Lee Kun-young → **I Geon**(-)yeong

이계익 Lee Ke-Ik → **I Gye**(-)ik

이근삼 Lee Gun Sam → **I** Geun(-)sam

이기곤 Rhee Ki-kon → **I Gi**(-)**g**on

이기문 Yi Ki-mun → **I Gi**(-)mun

이기화 Lee Ki Hwa → **I Gi**(-)hwa

이문희 Ri Moon-hee → **I** Mun(-)**hi**

이병태 Rhee Byoung Tae → **I** Byeong(-)tae

이보식 Lee Bo Sik → **I** ○

이부식 Yi Boo Sik → **I Bu**(-)sik

이상욱 Lee Sang Uk → **I** ○

이석히 Rhee Seok Hi → **I** ○

이승윤 Lee Seung Yun → **I** ○

이 양 Rhie Yang → **I** Yang

이완구 Lee One Ku → **I Wan**(-)**gu**

이 원 Lee Won → **I** ○

이인제 Rhee In Je → **I** ○

이재진 Lee Jai Jin → **I** **Jae**(-)jin

이존하 Lee Jon Ha → **I** ○

이창범 Lee Chang Bum → **I** Chang(-)b**eo**m

이채주 Lee Chae Ju → **I** ○

이태극 Lee Tai Geuk → **I** T**ae**(-)geuk

이필웅 Lee Phil Woong → **I** **P**il(-)**u**ng

이한주 Lee Han Ju → **I** ○

이헌석 Lee Heon Seok → **I** ○

이혜구 Lee Hye-Ku → **I** Hye(-)**gu**

임경호 Lim Kyung-ho → **Im** **Gyeo**ng(-)ho

임동원 Lim Dong Won → **Im** ○

임효제 Im Hyo Je → ○

「ㅈ」

장기호 Chang Ki-ho → **J**ang **G**i(-)ho

장대환 Chang Dae Hwan → **J**ang ○

장덕상 Chang Duk-Sang → **J**ang D**eo**k(-)sang

장 상 Jang Sang → ○

장석환 Chang Sokan → **J**ang S**eok**(-)**hw**an

장선덕 Chang Sun-duck → **J**ang S**eo**n(-)d**eo**k

장성만 Chang Sung Man → **J**ang S**eo**ng(-)Man

장세창 Jang Se Chang → ○

장신요 Chang Shin Yo → **J**ang **S**in(-)yo

장예준 Chang Ye Joon → **J**ang Ye(-)j**u**n

장재근 Chang Jae Keun → **J**ang Jae(-)**g**eun

장종택 Chang Jong Taek → **J**ang ○

장지환 Chang Ji Hwan → **J**ang ○

장충식 Chang Choong Sik → **J**ang Ch**u**ng-sik

장행훈 Chang Heng-Hoon → **J**ang H**ae**ng(-)h**u**n

전숙희 Chun Sook-hee → **Jeo**n S**u**k(-)h**i**

전해종 Chun Hae Jong → Jeon ○

전효중 Jeon Hyo Joong → Jeon Hyo(-)j**u**ng

정경일 Jhung Kyung-yil → **Jeo**ng **Gyeo**ng(-)**i**l

정광모 Chung Kwang Mo → **Jeo**ng **G**wang(-)mo

정귀호 Chung Gwi Ho → **Jeo**ng ○

정동영 Chung Dong Young → **Jeo**ng Dong(-)**yeo**ng

정명세 Chung Myung Sai → **Jeo**ng M**yeo**ng(-)s**e**

정우택 Chung Woo Taik → **Jeo**ng **U**(-)t**ae**k

정의숙 Chung li Sook → **Jeo**ng **Ui**(-)s**u**k

정창희 Cheong Chang Hui → **Jeo**ng ○

정채융 Jeung Chae-yoong → Jeong Chae(-)y**u**ng

정희성 Jung Hee sung → Jeong H**ui** seong

제정구 Chei Jung-koo → **Je** Jeong(-)**gu**

조갑동 Cho Kab-dong → **Jo Gap**(-)dong

조경철 Chou Kyong-chol → **Jo Gyeo**ng(-)ch**eo**l

조건호 Cho Kun Ho → **Jo Geo**n(-)ho

조규일 Jo Gyu Il → ○

조규향 Cho Kyoo Hyang → Jo **Gyu**(-)hyang

조기준 Zo Ki-zun → **Jo Gi**(-)**j**un

조영식 Choue Young-seek → **Jo** Y**eo**ng(-)s**i**k

조만제 Cho Man Je → **Jo** ○

조무제 Cho Mu Je → **Jo** ○

조병화 Cho Byung-Hwa → Jo Byeong(-)hwa

조상호 Cho Sang Ho → **Jo** ○

조영재 Joh Young Jae → **Jo** Y**eo**ng(-)jae

조요한 Zoh johan → **Jo Yo**(-)han

조용하 Cho Yong Ha → **Jo** ○

조일호 Jo Il Ho → ○

조정제 Joh Jung Jay → **Jo** J**eo**ng(-)j**e**

조충연 Cho Chung Yon → **Jo** Chung(-)y**eo**n

조철구 Joh Cheol-koo → **Jo** Cheol(-)**gu**

조치훈 → Cho Chi Hoon → **Jo** Chi(-)h**u**n

주재황 → Chu Chae Hwang → **Ju J**ae(-)hwang

주진순 Ju Jin Sun → ○

주진우 Joo Jin-woo → **Ju** Jin(-)**u**

지대섭 Chi Dae-sub → **Ji** Dae(-)s**eob**

지연태 Chi Youn Tai → **Ji** Y**eo**n(-)t**ae**

지용희 Chee Yong Hee → **Ji** Yong(-)h**ui**

지창권 Chi Chang Kwon → **Ji** Chang(-)**g**won

진 념 Jin Nyum → Jin Ny**eo**m

진정일 Jin Jeong Il → ○

진하기 Jin Ha Gi → ○

「ㅊ」

차기벽 Cha Ki Pyok → Cha **G**i(-)**bye**o**k**

차범근 Cha Beom Geun → ○

차상필 Cha Sang Pil → ○

차주환 Cha Chu Whan → Cha **J**u(-)**hw**an

차준길 Cha Joon Kil → Cha J**u**n(-)**g**il

채문식 Chae Mun Shick → Chae Mun(-)**s**ik

채의석 Chai Eui-sok → Chae **U**i(-)s**eo**k

채재억 Chae Jae Uk → Chae Jae(-)**eo**k

천성순 Chun Soung-soon → Ch**eo**n S**eo**ng(-)s**u**n

최경국 Choi Kyoung-kook → **Choe** **G**y**eo**ng(-)**gu**k

최 광 Choe Kwang → Choe **G**wang

최근덕 Choi Gun Duk → **Choe** G**eu**n(-)d**eo**k

최기호 Choe Gi Ho → ○

최봉늠 Choi Bong Rheum → **Choe** Bong(-)**neu**m

최우석 Choi Woo Sock → **Choe** **U**(-)s**oe**k

최인기 Choi In Gi → **Choe** ○

최재호 Choi Jae Ho → **Choe** ○

최정훈 Choy Chung Hoon → **Choe** **Jeo**ng(-)h**u**n

최종인 Choe Jong In → ○

최종현 Chey Jong-hyon → **Choe** Jong(-)hy**eo**n

최정림 Choi Chung Lim → **Choe** **Jeo**ng(-)lim

최학래 Choe Hak Rae → ○

최형섭 Choi Hyung Sup → **Choe** H**yeo**ng(-)sup

최형우 Choi Hyung Woo → **Choe** H**yeo**ng(-)**u**

최홍건 Choe Hong Geon → ○

최희준 Choi Hee Jun → **Choe** H**ui**(-)jun

「ㅍ」

표세진 Pyo Sei Jin → Pyo S**e**(-)jin

표승화 Pyo Sung-wha → Pyo S**eu**ng(-)hwa

표용은 Phyo Yong-eun → **Pyo** Yong(-)eun

표용수 Pyo Yong Su → ○

「ㅎ」

하두봉 Ha Doo Bong → Ha **Du**(-)bong

하만경 Ha Man Gyeong → ○

하순봉 Ha Soon Bong → Ha S**u**n(-)bong

하태준 Ha Tae Joon → Ha Tae(-)j**u**n

한갑수 Han Kap Soo → Han **G**ap(-)s**u**

한승수 Han Seung Soo → Han Seung(-)s**u**

한영성 Han Young-soung → **Ha**n Y**eo**ng(-)s**eo**ng

한이헌 Han Yi Horn → Han **I**(-)h**eo**n

한태준 Han Tae Jun → ○

허만동 Heo Man Dong → ○

허삼수 Hur Sam-soo → **Heo** Sam(-)s**u**

허신구 Huh Shin Koo → **Heo** Sin(-)**gu**

허신행 Huh Shin-haeng → **Heo** Sin(-)haeng

현소환 Hyun So-hwan → Hy**eo**n So(-)hwan

현승일 Hyun Syng Il → H**yeo**n Se**u**ng(-)il

현승종 Hyun Soong Jong → H**yeo**n Se**u**ng(-)jong

현승훈 Hyun Seung Hoon → H**yeo**n Seung(-)h**u**n

홍사덕 Hong Sa Duk → Hong Sa(-)d**eo**k

홍세기 Hong Se Ki → Hong Se(-)**g**i

홍세표 Hong Se Pyo → ○

홍승직 Hong Sung Chick → Hong Se**u**ng(-)**j**ik

홍종인 Hong Chong In → Hong **J**ong(-)in

황길수 Hwang Khil Soo → Hwang **G**il(-)s**u**

황선두 Hwang Sun Doo → Hwang S**eo**n(-)d**u**

황성균 Hwang Seong Gyun → ○

황인길 Hwang In Kil → Hwang In(-)**g**il

4·3 **기업체명**(가, 나, 다 순으로 열거함)

ㅇ : 로마 표기법에 맞는 경우

(전국경제인연합회 한국주요기업사전 2006에 발취자료)

<기존 표기> → <권장 표기>

「ㄱ」

갑을방직 KABOOL TEXTILES LTD.

→ GAPEUL

강원산업 KANGWON INDUSTRIES LTD.

→ GANGWON

건설화학공업 KUNSUL CHEMICAL IND. CO. LTD.

→ GEONSEOL

건영 KUN YOUNG CO. LTD.

→ GEONYEONG

경남모직 KYUNG NAM WOOL TEXTILE CO.

→ GYEONG NAM

경동보일러 KYUNG DONG BOILER CO. LTD.

→ GYEONG DONG

고려증권 CORYO SECURITIES CO.

→ GORYEO

공영토건 KONG YUNG CONSTRUCTION CO. LTD.

→ GONG YEONG

교학사 KYO HAK SA PUBLISHING CO. LTD.

→ GYO HAK SA

국제상사 KUKJE CORPORATION

→ GUKJE

극동건설 KUK DONG CONSTRUCTION CO. LTD.

→ GEUK DONG

금강종합건설 KEUMKANG CONSTRUCTION CO. LTD.

→ GEUMGANG

금호타이어 KUMHO TIRE CO. LTD.

→ GEUMHO

기린 KIRIN CO. LTD.

→ GIRIN

기아자동차 KIA MOTORS CO.

→ GIA

기아철강 KIA STEEL CO. LTD.

→ GIA

「ㄴ」

남광토건 NAM KWANG ENGINEERING & CONSTRUCTION CO. LTD.

→ NAM GWANG

남북수산 NAM BUK FISHERIES CO. LTD.

→ ○

남영비비안 NAMYEUNG VIVIEN CORPORATION

→ NAMYEONG

남해화학 NAMHAE CHEMICAL CORP.

→ ○

농심 NONG SHIM CO.

→ NONG SIM

「ㄷ」

대구백화점 TAEGU DEPARTMENT STORE

→ DAEGU

대림산업 DAELIM INDUSTRIAL CO. LTD.

→ DAERIM

대선주조 DAESUN DISTILLING CO. LTD.

→ DAESEON

대신증권 DAESHIN SECURITIES CO. LTD.

→ DAESIN

대우 DAEWOO

→ DAEU

대우자동차 DAEWOO MOTOR CO. LTD.

→ DAEU

대우중공업 DAEWOO HEAVY IND. LTD.

→ DAEU

대웅제약 DAEWOONG PHARMACEUTICAL CO. LTD.

→ DAEUNG

대전피혁공업 TAEJON LEATHER IND. CO. LTD.

→ DAEJEON

대한방직 TAIHAN TEXTILE CO. LTD.

→ DAEHAN

대한투자신탁 DAEHAN INVESTMANT TUST CO. LTD.

→ ○

대한펄프 DAEHAN PULP INDUSTRIAL CO. LTD.

→ ○

대한화재해상보험 DAEHAN FIRE & MARINE INSURANCE CO. LTD.

→ ○

동국제강 DONGKOOK STEEL CO.

→ DONGGUK

동부고속 DONG BU EXPRESS CO. LTD.

→ ○

동부화학 DONG BU CHEMICAL CO. LTD.

→ ○

동서식품 DONG SUH FOODS CORP.

→ DONG SEO

동아건설산업 DONGAH CONDTRUCTION IND. CO. LTD.

→ DONG-A

동아제분 DONGAH FLOUR MILLS CO. LTD.

→ DONG-A

동아제약 DONG-A PHARMACEUTICAL CO. LTD.

→ ○

동양강철 DONG YANG GANGCHUL CO. LTD.

→ ○ GANGCHEOL

동양고속건설 DONG YANG EXPRESS CONSTRUCTION CORP

→ ○

동양 나일론 TONG YANG NYLON

→ DONG YANG

동양시멘트 TONG YANG CEMENT CORP.

→ DONG YANG

동원산업 DONGWON INDUSTRIAL CO. LTD.

→ ○

동원수산 DONG WON FISHERIES CO. LTD.

→ ○

동화약품공업 DONG WHA PHARM. IND. CO. LTD.

→ DONG HWA

두산 DOOSAN INDUSTRIAL CO.

→ DUSAN

「ㄹ」

롯데건설 LOTTE ENGINEERING & CONSTRUCTION CO. LTD.

→ ROTTE

롯데물산 LOTTE MOOL SAN CO. LTD.

→ ROTTE MUL SAN

롯데상사 LOTTE TRADING CO. LTD.

→ ROTTE

롯데제과 LOTTE CONFECTIONARY CO. LTD.

→ ROTTE

롯데칠성음료 LOTTE CHIL SUNG BEVERAGE CO. LTD.

→ ROTTE CHIL SEONG

롯데캐논 LOTTE CANON CO. LTD.

→ ROTTE

린나이코리아 RINNAI KOREA CORP.

→ ○

「ㅁ」

만도기계 MANDO MACHINARY CORP.

→ ○

만호제강 MANHO ROPE WIRE LTD.

→ ○

매일유업 MAEIL DAIRY INDUSTRY CO. LTD.

→ ○

미원 MI WON CO. LTD.

→ ○

미원음료 MIWON BEVERAGE INC.

→ ○

「ㅂ」

방림 PANG RIM CO.

→ BANG NIM

범양식품 BUMYANG FOOD CO. LTD.

→ BEOMYANG

벽산건설 BYUKSAN ENGINEERING & CONSTRUCTION CO. LTD.

→ BYEOKSAN

보람증권 BORAM SECURITIES CO. LTD.

→ ○

부광약품 BU KWANG PHARM. IND. CO. LTD.

→ BU GWANG

빙그레 BING GRAE CO. LTD.

→ BINGGEURE

「ㅅ」

사조산업 SAJO INDUSTRIAL CO. LTD.

→ ○

삼광유리공업 SAMKWANG GLASS IND. CO. LTD.

→ SAMGWANG

삼립유지 SAMLIP OIL & FATS CD.

→ SAMRIP

삼미 SAMMI CORPORATION

→ ○

삼부토건 SAMBU CONSTRUCTION CO. LTD.

→ ○

삼성물산 SAMSUNG CORPORATION

→ SAMSEONG

삼성생명 SAMSUNG LIFE INSURANCE CO. LTD.

→ SAMSEONG

삼성전기 SAMSUNG ELECTRO-MECHANICS

→ SAMSEONG

삼성전자 SAMSUNG ELECTRONICS CO. LTD.

→ SAMSEONG

삼양식품 SAMYANG FOODS CO. LTD.

→ ○

삼영모방공업 SAMYUNG WOOL TEXTILE IND. CO. LTD.

→ SAMYEONG

삼익악기 SAMICK MUSICAL INSTRUMENTS CO. LTD.

→ SAMIK

삼천리 SAMCHULLY CO. LTD.

→ SAMCHEONRI

삼화페인트공업 SAMHWA PAINT INDUSTRIAL CO. LTD.

→ ○

새한미디어 SAEHAN MEDIA CORPORATION

→ ○

서울증권 SEOUL SECURITIES CO. LTD.

→ SEOUL

선경 SUN KYONG LTD

→ SEON GYEONG

선경증권 SUNKYONG SECURITIES CO. LTD.

→ SEONGYEONG

선도전기 SEONDO ELECTRIC CO. LTD.

→ ○

성미전자 SUNGMI TELECOM ELECTROINICS CO. LTD.

→ SEONGMI

성원건설 SUNGWON CORPORATION

→ SEONGWON

신라교역 SILLA CO. LTD.

→ ○

신세계백화점 SHINSEGAE DEPARTMENT STORE

→ SINSEGYE

신한증권 SHINHAN SECURITIES CO. LTD.

→ SINHAN

쌍용 SSANGYONG CORPORATION

→ ○

쌍용자동차 SSANGYONG MOTOR COMPANY

→ ○

「ㅇ」

아남산업 ANAM INDUSTRIAL CO. LTD.

→ ○

애경산업 AEKYUNG IND. CO. LTD.

→ AEKYEONG

연합전선 YONHAP CABLE CO.

→ YEONHAP

영진약품공업 YUNGJIN PHARM. CO. LTD.

→ YEONGJIN

영창악기제조 YOUNG CHANG AKKI CO. LTD.

→ YEONG CHANG AKGI

우성 WOOSUNG CO.

→ USEONG

우성사료 WOO SEONG FEED CO.

→ U SEONG

유공 YUKONG LTD.

→ YUGONG

유한양행 YUHAN CORPORATION

→ ○

유한킴벌리 YUHAN-KIMBERLY, LTD.

→ ○

이건산업 EAGON INDUSTRIAL CO. LTD.

→ IGEON

이수화학공업 ISU CHEMICAL CO. LTD.

→ ○

인천제철 INCHON IRON & STEEL CO. LTD.

→ INCHEON

일동제약 IL DONG PHARM. CO. LTD.

→ ○

일양약품 ILYANG PHARM. CO. LTD.

→ ○

「ㅈ」

전방군제 CHONBANG GUNZE CO. LTD.

→ JEONBANG GUNJE

제일제당 JAEIL FOODS INC.

→ JEIL

제일합섬 CHEIL SYNTHETICS INC.

→ JEIL

조광페인트 CHOKWANG PAINT IND. LTD.

→ JOGWANG

조선맥주 CHOSUN BREWERY CO. LTD.

→ JOSEON

조일알미늄공업 CHOIL ALUMINIUM MFG. CO. LTD.

→ JOIL

종근당 CHONG KUN DANG CORP.

→ **JO**NG **GE**UN DANG

진도패션 JINDO FASHION CO. LTD.

→ ○

진로 JINRO LTD.

→ ○

진로건설 JINRO CONSTRUCTION CO. LTD.

→ ○

진양 CHIN YANG CORPORATION

→ JIN YANG

「ㅊ」

천일고속 CHUNIL EXPRESS CO.

→ CHEONIL

천일정기화물 CHUN IL CARGO TRANSPORTAION CO. LTD.

→ CHEON IL

청구 CHONGGU HOUSING & CONSTRUCTION CORP.

→ CHEONGGU

충남방직 CHOONGNAM SPINNING CO. LTD.

→ CHUNGNAM

충북투자금융 CHUNG BUG INVESTMENT & FINANCE CORP.

→ CHUNGBUK

「E」

태광산업 TAE KWANG INDUSTRIAL CO. LTD.

→ TAE GWANG

태봉전자 TAE BONG ELECTRONICS CO. LTD.

→ ○

태성기공 TAESUNG MACHINERY * CONST. CO. LTD

→ TAESEONG

태영 TAE YOUNG CORPORATION

→ TAE YEONG

태원물산 TAEWON MULSAN CO. LTD.

→ ○

태흥산업 TAEHEUNG CORPORATION

→ ○

통일중공업 TONG IL HEAVY INDUSTRIES CO. LTD.

→ ○

「ㅍ」

평화산업 PYUNG HWA INDUSTRIAL CO. LTD.
→ PYEONG HWA

포항제철 POHANG IRON & STEEL CO.
→ POHANG

풍농 PUNGNONG CO. LTD.
→ ○

풍만제지 POONG MAN PAPER CO. LTD.
→ PUNG MAN

풍산 POONGSAN CORP.
→ PUNGSAN

풍성전기 POONG SUNG ELECTRIC CO. LTD.
→ PUNGSEONG

「ㅎ」

한국쉘석유 HANKOOK SHELL OIL CO. LTD.
→ HANGUK

한국제지 HANKUK PAPER MFG. CO. LTD.
→ HANGUK

한국타이어 HANKOOK TIRE MFG. LTD.
→ HANGUK

한국화장품 HANKOOK COSMETICS CO.
→ HANGUK

한독약품 HAN-DOK REMEDIA IND. CO. LTD.

→ ○

한라건설 HALLA ENG. & CONST. CORP.

→ ○

한라시멘트 HALLA CEMENT MFG. CORP.

→ ○

한보철강 HANBO STEEL & GENERAL CONST. CO. LTD.

→ ○

한성기업 HANSUNG ENTERPRISE CO. LTD.

→ HANSEONG

한솔화학 HANSOL CHEMICAL CO. LTD.

→ ○

한신공영 HANSHIN CONSTRUCTION CO

→ HANSIN

한일시멘트 HANIL CEMENT MFG. CO. LTD.

→ ○

한일약품 HANIL PHARM. IND. CO. LTD.

→ ○

한주통산 HANJOO CORP. CO. LTD.

→ HANJU

한진 HANJIN TRANSPORTATION CO. LTD.

→ ○

한화 HANWHA CORPORATION

→ ○

해동상호신용금고 HAE DONG MUTUAL SAVINGS & FINANCE CO. LTD.

→ ○

해태유업 HAITAI DAIRY CO.

→ HAETAE

현대건설 HYUNDAI ENG. & CONST. CO. LTD.

→ HYEONGDAE

현대자동차 HYUNDAI MOTOR CO

→ HYEONDAE

협진양행 HYUPJIN ENTERPRISE CO. LTD.

→ HYEOPJIN

호남석유화학 HONAM PETROCHEMICAL CORP.

→ ○

화신 HWA SHIN CO. LTD.

→ HWA SIN

효성금속 HYOSUNG METALS CO. LTD.

→ HYOSEONG

흥국상사 HUNGKUG SANGSA LTD.

→ HEUNG(-)GUK

흥화공업 HEUNG HWA INDUSTRY LTD

→ ○

4.4 대학명(가, 나, 다 순으로 열거함)

O : 로마 표기법에 맞는 표기

(한국 국사립대학명 2009를 참고 했음)

<기존 표기> → <권장 표기>

「ㄱ」

가야대학 KAYA UNIVERSITY

→ GAYA

강남대학 KANGNAM UNIVERSITY

→ GANGNAM

강릉대학교 KANGNUNG NATIONAL UNIVERSITY

→ GANGREUNG

강원대학교 KANGWON UNIVERSITY

→ GANGWON

건국대학교 KON-KUK UNIVERSITY

→ GEON-GUK

건양대학교 KONYANG UNIVERSITY

→ GEONYANG

경기대학교 KYONGGI UNIVERSITY

→ GYEONGGI

경남대학교 KYUNGNAM UNIVERSITY

→ GYEONGNAM

경북대학교 KYUNGPOOK UNIVERSITY

→ GYEONGBUK

경상대학교 GYEONGSANG UNIVERSITY

→ ○

경성대학교 KYUNGSUNG UNIVERSITY

→ GYEONGSEONG

경원대학교 KYUNGWON UNIVERSITY

→ GYEONGWON

경희대학교 KYUNG HEE UNIVERSITY

→ GYEONG HUI

계명대학교 KEIMYUNG UNIVERSITY

→ GYEMYEONG

고려대학교 KOREA UNIVERSITY

→ GORYEO

고신대학교 KOSIN UNIVERSITY

→ GOSIN

공주대학교 KONGJU UNIVERSITY

→ GONGJU

관동대학교 KWANDONG UNIVERSITY

→ GWANDONG

광운대학교 KWANGWOON UNIVERSITY

→ GWANGUN

광주대학교 KWANGJU UNIVERSITY

→ GWANGJU

국민대학교 KOOKMIN UNIVERSITY

→ GUKMIN

군산대학교 KUNSAN UNIVERSITY

→ GUNSAN

금오공과대학 KUMOH UNIVERSITY

→ GEUMO

「ㄷ」

단국대학교 DANKOOK UNIVERSITY

→ DANGUK

대구대학교 DAEGU UNIVERSITY

→ O

대신대학교 TAESHIN UNIVERSITY

→ DAESIN

대전대학교 DAEJEON UNIVERSITY

→ O

대진대학교 DAEJIN UNIVERSITY

→ O

덕성여대 DUKSUNG WOMEN'S UNIVERSITY

→ DEOKSEONG

동국대학교 DONGGUK UNIVERSITY

→ ○

동명대학교 TONGMYONG UNIVERSITY

→ DONGMYEONG

동서대학교 DONGSEO UNIVERSITY

→ O

동아대학교 DONGA UNIVERSITY

→ ○

동의대학교 DONGUI UNIVERSITY

→ ○

「ㅁ」

명신대학교 MYUNGSHIN UNIVERSITY

→ MYEONGSIN

명지대학교 MYONG JI UNIVERSITY

→ MYEONG JI

목원대학교 MOKWON UNIVERSITY

→ O

목포대학교 MOKPO UNIVERSITY

→ ○

「ㅂ」

배재대학 PAI CHAI UNIVERSITY
→ BAE JAE

부경대학교 PUKYONG UNIVERSITY
→ BUGYEONG

부산대학교 PUSAN UNIVERSITY
→ BUSAN

부산외국어대학 PUSAN UNIVERSITY OF FOREIGN STUDIES
→ BUSAN

「ㅅ」

삼육대학교 KOREAN SAHMYOOK UNIVERSITY
→ SAMYUK

삼척대학교 SAMCHOK UNIVERSITY
→ SAMCHEOK

상명대학교 SANGMYUNG UNIVERSITY
→ SANGMEONG

상지대학교 SANG JI UNIVERSITY
→ ○

서강대학교 SOGANG UNIVERSITY
→ SEOGANG

서울대학교 SEOUL UNIVERSITY

→ ○

서원대학교 SEOWON UNIVERSITY

→ ○

선문대학교 SUN MOON UNIVERSITY

→ SEON MUN

성결대학교 SUNGKYUL UNIVERSITY

→ SEONGGYEOL

성균관대학교 SUNG KYUN KWAN UNIVERSITY

→ SEONG GYUN GWAN

성신여자대학교 SUNGSHIN WOMEN'S UNIVERSITY

→ SEONGSIN

세종대학교 SEJONG UNIVERSITY

→ ○

수원대학교 SUWON UNIVERSITY

→ ○

숙명여자대학교 SOOK MYUNG WOMEN'S UNIVERSITY

→ SUK MYEONG

순천대학교 SUNCHON UNIVERSITY

→ SUNCHEON

숭실대학교 SOONG SIL UNIVERSITY

→ SUNG SIL

「ㅇ」

아주대학교 AJOU UNIVERSITY

→ AJU

안동대학교 ANDONG UNIVERSITY

→ ○

안성산업대학교 ANSEONG POLYTECHINICAL UNIVERSITY

→ ○

연세대학교 YONSEI UNIVERSITY

→ YEONSE

영남대학교 YEUNGNAM UNIVERSITY

→ YEONGNAM

영동대학교 YOUNGDONG UNIVERSITY

→ YEONGDONG

울산대학교 ULSAN UNIVERSITY

→ ○

원광대학교 WONKWANG UNIVERSITY

→ WONGWANG

예원대학교 YEWON UNIVERSITY

→ ○

용인대학교 YONGIN UNIVERSITY

→ ○

우석대학교 WOOSUK UNIVERSITY

→ USEOK

울산대학교 ULSAN UNIVERSITY

→ ○

원광대학교 WONKWANG UNIVERSITY

→ WONGWANG

위덕대학교 UIDUK UNIVERSITY

→ WIDEOK

을지대학교 EULJI UNIVERSITY

→ ○

이화여자대학교 EWHA WOMAN'S UNIVERSITY

→ IHWA

인제대학교 INJE UNIVERSITY

→ ○

인천대학교 INCHON UNIVERSITY

→ INCHEON

인하대학교 INHA UNIVERSITY

→ ○

「ㅈ」

전남대학교 CHONNAM UNIVERSITY

→ JEONNAM

전북대학교 CHONBUK UNIVERSITY

→ JEONBUK

전주대학교 JEONJU UNIVERSITY

→ ○

전주우석대학교 CHONJU WOOSUK UNIVERSITY

→ JEONJU USEOK

제주대학교 CHEJU UNIVERSITY

→ JEJU

조선대학교 CHOSUN UNIVERSITY

→ JOSEON

중부대학교 JOONG BU UNIVERSITY

→ JUNG BU

중앙대학교 CHUNG-ANG UNIVERSITY

→ JUNG-ANG

진주교육대학교 CHINJU UNIV OF EDUCATION

→ JINJU

「ㅊ」

창원대학교 CHANGWON UNIVERSITY

→ ○

청운대학교 CHUNGWOON UNIVERSITY

→ CHEONGUN

청주교육대학교 CHEONG-JU UNIV OF EDUCATION

→ ○

청주대학교 CHONG JU UNIVERSITY

→ CHEONG JU

총신대학 CHONGSHIN COLLEGE

→ CHONGSIN

춘천교육대학교 CHUNCHEON UNIV OF EDUCATION

→ ○

충남대학교 CHUNGNAM UNIVERSITY

→ ○

충북대학교 CHUNGBUK UNIVERSITY

→ ○

충주대학교 CHUNGJU UNIVERSITY

→ O

국립 충주대학교
CHUNGJU NATIONAL UNIVERSITY

「ㅍ」

평택대학교 PYEONGTAEK UNIVERSITY

→ O

포항공과대학교 POHANG INSTITUTE OF SCIENCE & TECHNOLOGY

→ ○

「ㅎ」

한국외국어대학교 HANKUK UNIV OF FOREIGN STUDIES

→ HANGUK

한국항공대학교 HANKUK AVIATION UNIV

→ HANGUK

한경대학교 HANKYONG UNIVERSITY

→ HANKYEONG

한남대학교 HAN NAM UNIVERSITY

→ ○

한동대학교 HANDONG UNIVERSITY

→ ○

한라대학교 HALLA UNIVERSTY

→ ○

한려대학교 HANLYO UNIVERSITY

→ HALLYEO

한림대학교 HALLYM UNIVERSITY

→ HALLIM

한밭대학교 HANBAT UNIVERSITY

→ ○

한서대학교 HANSEO UNIVERSITY

→ ○

한성대학교 HANSUNG UNIVERSITY

→ HANSEONG

한세대학교 HANSEI UNIVERSITY

→ HANSE

한신대학교 HAN SHIN UNIVERSITY

→ HAN SIN

한양대학교 HANYANG UNIVERSITY

→ ○

협성대학교 HYUPSUNG UNIVERSITY

→ HYEOPSEONG

호남대학교 HONAM UNIVERSITY

→ ○

호서대학교 HOSEO UNIVERSITY

→ ○

홍익대학교 HONGIK UNIVERSITY

→ ○

효성여자대학교 HYOSUNG WOMEN'S UNIV

→ HYOSEONG

4·5 은행명(가, 나, 다 순으로 열거함)

○ : 로마 표기법에 맞는 표기

(연합통신사 Yonhap yearbook 2008를 참고하였음)

<기존 표기> → <권장 표기>

경남은행 KYONGNAM BANK
→ GYEONGNAM

국민은행 KOOKMIN BANK
→ GUKMIN

광주은행 KWANG JU BANK
→ GWANG JU

농협은행 NONGHYUP BANK
→ NONGHYEOP

대구은행 DAEGU BANK
→ ○

부산은행 BUSAN BANK
→ ○

수협은행 SUHYUP BANK
→ SUHYEOP

신한은행 SHINHAN BANK
→ SINHAN

우리은행 WOORI BANK

→ URI

전북은행 JEON BUK BANK

→ ○

제주은행 JEJU BANK

→ ○

하나은행 HANA BANK

→ ○

4.6 신문사명(가, 나, 다 순으로 열거함)

O : 로마 표기법에 맞는 표기

(연합통신사 Yeonhap yearbook 2008를 참고하였음)

<기존 표기> → <권장 표기>

「ㄱ」

강원도민일보 KANGWEON DOMIN ILBO

→ GANGWON

강원일보 KANGWEON ILBO

→ GANGWON

경기일보 KYEONGGI ILBO

→ GYEONGGI

경남매일 KYUNGNAM MAEIL

→ GYEONGNAM

경상일보 KYUNGSANG ILBO

→ GYEONGSANG

경인매일 KYEONGIN ILBO

→ GYEONGIN

경향신문 KYUNGHYANG SHINMUN

→ GYEONGHYANG SINMUN

광남일보 KWANGNAM ILBO

→ GWANGNAM

광주매일신문 KWANGJU MAEIL SHINMUN

→ GWANGJU MAEIL SINMUN

광주일보 KWANGJU ILBO

→ GWANGJU

국민일보 KUKMIN ILBO

→ GUKMIN

국제신문 KOOKJE DAILY NEWS

→ GUKJE

「ㄷ」

대구일보 DAEGU ILBO

→ ○

대전일보 DAEJON ILBO

→ DAEJEON

동아일보 DONG-A ILBO

→ ○

dongA.com 뉴스

동양일보 DONGYANG DAILY NEWS

→ ○

「ㅁ」

매일경제신문 MAEIL BUSINESS NEWSPAPER

→ ○

무등일보 MOODEUNG ILBO

→ MUDEUNG

문화일보 MUNHWA ILBO

→ ○

문화일보 대한민국 오후를 여는 MUNHWA.COM

「ㅂ」

부산일보 BUSAN ILBO

→ ○

「ㅅ」

서울신문 SEOUL SHINMUN

→ SINMUN

세계일보 SEGYE TIMES

세계일보 SEGYE.com

→ ○

스포츠서울 DAILY SPORTS SEOUL

→ ○

스포츠조선 SPORTS CHOSUN

→ JOSEON

「ㅇ」

영남일보 YEONGNAM ILBO

→ ○

인천일보 INCHEON ILBO

→ ○

「ㅈ」

전남매일 CHONNAM MAEIL

→ JEONNAM

전남일보 CHONNAM ILBO

→ JEONNAM

전북도민일보 CHONBUK DOMIN ILBO

→ JEONBUK

전북일보 JEONBUK ILBO

→ ○

제민일보 JEMIN ILBO

→ ○

조선일보 CHOSUN ILBO

→ JOSEON

중도일보 JOONGDO ILBO

→ JUNGDO

중부매일 JOONG-BU MAEIL

→ JUNGBU

중부일보 JOONG BOO ILBO

→ JUNG BU

중앙일보 JOONG-ANG ILBO

→ JUNG-ANG

「ㅊ」

충청투데이 CHUNG CHEONG TODAY

→ ○

충청일보 CHUNGCHONG ILBO

→ CHUNGCHEONG

「ㅎ」

한겨레신문 HANKYOREH SHINMUN

→ HANGYEORE SINMUN

한국일보 HANKOOK ILBO

→ HANGUK ILBO

한라일보 HALLA ILBO

→ ○

|제5장|

국어 로마자 표기법 연구

본 장은 필자가 1939년 머큔 라이샤워 한국어 로마자 표기법을 시작으로 그간 여섯 차례에 걸쳐 수정·보완한 로마자 표기법의 내력과 현행 로마자 표기법의 표기상 문제점과 현실적인 표기에 있어서 영문 표기와 혼돈해 하는 실제적용 문제를 파헤쳐서 예시하고 있다. 국어의 로마자 표기의 보다 상세한 이해와 실체파악에 도움이 될 것이다.

현 국어 로마자 표기법의 현실과 문제

5.1. 서론

한글의 로마자 표기는 1939년 머큔 라이샤워 표기법(The McCune-Reischauer System: 이하 MR로 명명)으로 시작되었다. 그간 여섯 차례의 개정을 통해 수정·보완을 거듭하면서 가장 최근 제 6차 개정 된 현 국어의 로마자 표기법(: 이하 현 표기법으로 명명)이 국립 국어연구원 중심으로 연구되었다. 문화 관광부 고시 제 2000-8호(2000.7.7)로 발표 되어 9년 동안 짧은 기간이었지만 현 표기법이 점진적으로 정착되어 가고 있다.

한글의 로마자 표기는 그간 두 가지 목적 하에 진행 되어 왔다. 즉, 한글의 로마자 표기를 통해 한국의 문화재나 의사 표시를 외국인에게 알리는 것과, 한글을 잘 읽고 쓰지 못 하는 내방(來訪) 외국인에게 문자 상 편의를 제공하는 데 있다. 현 표기법은 지난 5차에 걸친 개정안과는 달리, 상기 두 가지 개정 취지 중에서 특히 한국인의 주체성을 강조하여 한국어 발음을 그대로 로마자로 표기한다는 원칙하에 마련되었다.

본 연구에서는 지난 5차에 걸친 한글 로마자 표기법의 개정사항들 및 남·북한의 한글 로마자 표기 합의안과 현 표기법을 상호 비교하여 그 변경의 주요 내용과 특징을 정리한다. 제 3장 논

의사항에서 이와 같은 취지로 마련 된 현 표기법의 개정 핵심 내용을 중심으로, 영문 표기와 관련 된 문제, 음절 구조와 관련 된 문제, 그리고 실제 발음과 표기에 관련된 문제들을 사안별로 심도 있게 논의하여 장단점을 평가하고 보완사항을 제시하고자 한다.

5.2. 과거 한글(국어) 로마자 표기법들과 현 표기법

(1) 한글 로마자 표기법들 간의 비교

그간 ① 한국어의 머큔 라이샤워 표기법 (1939), ② 朝鮮語音羅馬字表記法 (1940), ③ 한글을 로마자로 적는 법 (1948), ④ 한글의 로마자 표기법 (1959), ⑤ 국어의 로마자 표기법 (1984), ⑥ 국어 로마자 표기법 (2000)등의 여섯 차례에 걸친 로마자 표기법을 수정하여 온 바 있다. 그리고 이들과 별도의 ⑦ 남・북한의 한글 로마자 표기 합의사항인 단일 합의안을 함께 비교 검토 한다.

예시 1은 1992년 6월 16, 17일 이틀간 파리소재 프랑스표준협회(AFNOR)회관에서 열린 제 5차 '기계화를 위한 한글의 로마자 표기법에 관한 남・북한 회의'에서 남・북 양측의 쌍방제안을 절충시킨 단일표기법(안)(1992.6.18) 표기이다. 위 회의에서 양측은 자음의 경우 북한 측 (안)을, 모음은 한국 측 (안)을 수용하는 절충안에 합의했으며 이를 국제표준화기구(ISO: International Standardization Organization)에 공식 제출하였다.

남북 한글로마자표기 합의가 가진 의미는 지난 85년 ISO로부터 로마자 표기방법에 대한 규격초안을 제출해 달라는 요청에 따라 수년간 협상을 벌여온 결과이다. 그간 남・북의 표기상 차이로 무질서한 로마자 표기가 행하여짐으로써 한국의 국제적 자료 전산화와 축적 작업에 차질과 혼선을 가져온 것이 사실이다. 금번 한글 로마자 표기단일안이 ISO 이사국을 통해 국제규격으로 확정되면 국제적 표기혼란 해소와 함께 해외의 각종 한국자료 전산 축적이 명료해지고, 그에 따라 한국에 대한 정보에 접근하기도 훨씬 용이해질 것으로 전망되었다.

예시 1: 남・북한 단일 합의안

19개 자음				21개 모음			
ㄱ	K	ㅈ	C	ㅏ	A	ㅑ	YA
ㅋ	KH	ㅊ	CH	ㅓ	EO	ㅕ	YEO
ㄲ	KK	ㅉ	CC	ㅗ	O	ㅛ	YO
ㄷ	T	ㅅ	S	ㅜ	U	ㅠ	YU
ㅌ	TH	ㅆ	SS	ㅡ	EU	ㅒ	YAE
ㄸ	TT	ㅎ	H	ㅣ	I	ㅖ	YE
ㅂ	P	ㅇ	NG	ㅐ	AE	ㅘ	WA
ㅍ	PH	ㄴ	N	ㅔ	E	ㅝ	WEO
ㅃ	PP	ㄹ	R	ㅚ	OE	ㅙ	WAE
		ㅁ	M	ㅟ	WI	ㅞ	WE
						ㅢ	YI

이 단일안이 계기가 되어 '교과서 내 외래어의 표기', '각종 표지판 통일을 위한 실무자회의', 그리고 어문학분야에서 한글학자들 간의 모임 등 관련부문에서의 남북접촉이 활발해질 것을 기대하였다. 그러나 남북한의 정치적인 경색 등 여러 문제가 실질적인 관계전문가들의 남북회동을 희망사항으로 끝나게 한 후, 공식적인 진전 사항은 보고 되지 않고 있다.

상기 ①-⑦표기법은 한글 *모음자*와 *자음자*의 로마자 표기에 대한 「문교부교시 제84-1호」(1984년 1월 13일)의 제 1장 3항 「1 음운 1기호의 표기를 원칙으로 한다.」에 따라 수정되어 왔다. (김명숙: 394) 그에 관해 19개 자음과 21개의 모음표기 가운데 개정 될 때마다 변경되는 모음자 9개 글자와 자음자 14개를 대조해 보고자 한다.

예시 2: 한글모음자의 로마자 표기 대조일람

한글모음	① MR	②'40	③'48	④'59	⑤'84	⑥'00	⑦남북안
ㅓ	ŏ	ŏ	ŏ	eo	ŏ	eo	eo
ㅕ	yŏ	yŏ	yŏ	yeo	yŏ	yeo	yeo
ㅡ	ŭ	ŭ	ŭ	eu	ŭi .	eu	eu
ㅣ	i	i, yi	i	i	i	i	i
ㅐ	ae	ĕ	ai	ae	ae	ae	ae
ㅒ	yae	yĕ	yai	yae	yae	yae	yae
ㅙ	wae	wĕ	wae	wae	wae	wae	wae
ㅝ	wŏ	wŏ	wŏ	weo	wo	wo	weo
ㅢ	ŭi	ŭi	ŭi	eui	ŭi	ui	yi

로마자 중 모음표기를 할 수 있는 문자는 5개(a, e, i, o, u)인 것에 반해, 한글 모음을 표기하기 위해서는 19개 문자가 필요하다. 그 중에서 모음자 10개는 로마자의 조합에 의해서 별 무리 없이 표기가 정착되어 왔으나, 예시 2에 열거한 9개의 문자는 기본적으로 최초의 MR표기법을 근간으로 수정되어 왔음에도 개정 때마다 그 표기가 문제되어 왔다.

개정 된 내용을 살펴보면, 초기 MR표기법에서는 1음운 1기호의 표기원칙에 따라 특수부호를 사용하여 한글 'ㅓ'를 'ŏ'로 'ㅕ'를 'yŏ'로 표기하였다. 이후 1959년 표기법에서 특수문자를 없애고 각각 'eo'와 'yeo'로 사용하다가, 1984년에 다시 특수기호로 회귀하였다. 그러던 것이 현 표기법과 남・북한 단일표기법에서는 특수기호 대신 로마자 e를 채택하고 있는 바, 이는 국제화, 정보화 시대에 PC 전산 입력과 취급에 어려움을 최소화하기 위한 조치로 생각된다.

또한 구개음화된 모음 표기에 'y'자를 「ㅕ, yeo; ㅛ, yo」로 일관되게 사용하고 있는 점이나, 그간 가장 혼선과 어려움이 있었던 'ㅡ'의 표기와 'ㅢ'의 표기는 'eu'와 'ui'로 표기하고 있음도 주목할 만하다. 구개음화된 모음 표기는 남북한(안)과도 일치하나, 후자의 경우 현 표기법은 'ui', 남북한 단일안은 'yi'인 점을 감안하면 아쉬움이 있다. 지난 다섯 차례에 걸친 한국의 표기 수정안을 비추어 볼 때, 현 표기법이 채택한 'ui'로 정착되었으면 한다.

예시 3: 한글자음자의 로마자 표기 대조일람

한글자음	①MR	②'40	③'48	④'59	⑤'84	⑥'00	⑦남북안
ㄱ	k, ***g***	g	k	g	k, ***g***	g	k
ㄷ	t, ***d***	d	t	d	t, ***d***	d	t
ㄹ	r	r, l	r, l	r	r	r	r
ㅂ	p, ***b***	b	p	b	p, ***b***	b	p
ㅅ	s, sh	s	s	s	s, sh	s	s
ㅈ	ch, ***j***	z	ch	j	ch, ***j***	j	c
ㅊ	ch'	cz	chh	ch	ch'	ch	ch
ㅋ	k'	k	kh(k')	k	k'	k	kh
ㅌ	t'	t	th(t')	t	t'	t	th
ㅍ	p'	p	ph(p')	p	p'	p	ph
ㄲ	kk	gg	gg	gg	kk	kk	kk
ㄸ	tt	dd	dd	dd	tt	tt	tt
ㅃ	pp	bb	bb	bb	pp	pp	pp
ㅉ	tch	zz	dch	jj	tch	jj	cc

※어두자음 (**이텔릭체**는 모음 앞이지만 어두(語頭)가 아닌 경우에 사용하는 글자임)

예시 3은 남북한 단일안에서 합의한 자음표기로, 흔히 로마자 표기를 영어 알파벳 표기로 오인하여 사용되기도 하는 'f, v, q' 등을 제외하고, 실제 사용되는 15개의 로마자만을 활용한 자음 표기 대조이다.

최초 MR표기법에서는 유성음(voiced sound)과 무성음(voiceless

sound)으로 구분하여 한글의 'ㄱ, ㄷ, ㅂ'을 음의 위치에 따라 각각 'k'와 'g', 't'와 'd', 'p'와 'b'의 두 개 로마자를 사용했다. 또한 'ㅊ', 'ㅋ', 'ㅍ'의 경우, 기음(aspiration)을 의식하여 특수기호 apostrophe(', 어깻점)를 붙여서 'ch', k', p'로 사용하였다. '84년 표기법(이하 직전표기법으로 명명)에는 유·무성음을 구분 하여 'k'와 'g', 't'와 'd', 'p'와 'b'로 표기하였으나, '40년, '59년 표기법과 현 표기법에서는 이들 글자를 '인도·유럽어계와 달리 한국어의 자음에 있어서는 유·무성음 구분이 없다'라는 원칙에 따라서 단일 문자 'g, d, b'로 대응표기 하였다.

그 외에도 'ㄹ'의 표기는 MR표기법에서 'r'로 표기하던 것을 'r'과 'l' 두 문자를 사용하다가 '59년 표기부터 현재까지 대응표기로 'r'를 채택했다. 'ㅅ'의 경우에는 MR표기에서 's'와 'sh'로 표기 되다가, 's' 단일의 대응 표기를 거쳐 직전표기법에서 '이' 앞에서만 'sh'를 사용하던 것을, 현 표기법에서는 's'자로 고정하고 있다. 'ㅈ'역시 MR표기법에서 위치에 따라 'ch' 또는 'j'로 표기하다가 'z', 'ch', 'j', 'c'등으로 혼용하던 것을, 현 표기법에서 'j'로 고정하고 있다.

된소리 글자 'ㄲ', 'ㄸ', 'ㅃ', 'ㅉ'은 유성 자음자 'gg', 'dd', 'bb'와 'zz(dch)'등을 사용하다가, 남북한(안)과 현 표기법에서는 MR표기법에서 사용하였던 무성음겹글자 'kk', 'tt', 'pp', 'jj'로 고정사용하고 있다.

직전표기법('84)의 표기의 기본원칙 제 3항에서는「1음운 1기호 표기 원칙」을 명시하여 특수기호까지 이용하여 그 원칙을 준수하려는 노력이 곳곳에서 나타나고 있었으나, 현 표기법에서는 한글의 ㄱ, ㄷ, ㅂ의 대체 표기로 유무성 구분 없이 초성자음에서는 각각 로마자 g, d, b로 1음운 1기호 표기를 한 점은 진일보 된 표기라 할 수 있으나 직전표기나 현 표기나「로마자표기는 국어의 표준발음법에 따라 적는 것을 원칙.」에 따라서 음운 변화를 표기에 반영하는 것이 일반 이용자에게는 부담으로 남아 있다. 문제는 '한글의 로마자 표기냐 국어의 로마자표기냐'를 명확하게 구분 짓지 못하고 있는 것이 과거 여섯 차례의 개정안에서 나타나고 있다.

(2) 현행 국어 로마자 표기법

현 표기법은 그 주요 표기 원칙과 그 특징에서 드러나듯이, 한국인의 입장에서 한국어의 특성을 최대로 반영한 개정이라고 볼 수 있다. 국립 국어 연구원에서 발표한 개정안의 중심내용은 아래와 같다.

예시 4의 모음부분에서는「로마자 이외의 부호는 되도록 사용하지 않는다.」라는 원칙하에 특수기호를 쓰지 않게 하여 정보화, 세계화 시대를 맞이하여 컴퓨터나 인터넷 상에서의 표기 사용을 용이하게 했다.

예시 4: 한글 자모음자의 로마자 표기 변경일람

자음

국어	'84	현 표기법
ㄱ	k/g	g
ㅋ	k’	k
ㄷ	t/d	d
ㅌ	t’	t
ㅂ	p/b	b
ㅍ	p’	p
ㅈ	ch/j	j
ㅉ	tch	jj
ㅊ	ch’	ch
ㅅ	s/sh	s

모음

국어	'84	현 표기법
ㅓ	ŏ	eo
ㅡ	ŭ	eu
ㅕ	yŏ	yeo
ㅢ	ŭi	ui

또한 예시 4의 자음부분에서는 현 표기법이 유, 무성음을 구분하지 않는 우리말 위주로 개편하였음을 알 수 있다. 영어나 프랑스어를 비롯한 인도-유럽어 사용자 대부분은 유성음과 무성음을 명확히 구분 하지만 한국인은 유성음과 무성음의 차이를 인식하지 못한다. 과거 로마자 표기법에서는 한국어의 자음을 유성음과 무성음을 구분하여 로마자표기를 하였으나, 현 표기법에서는 로마자의 유성 자음에 해당되는 자음자를 한국어 음절의 초성자음에 한하여 표기 하였다.

한국인은 「제주」에 들어간 두 개의 ㅈ을 구별하지 못한다. 말머리든 말 중간이든 ㄱ, ㄷ, ㅂ, ㅈ 은 똑같은 발음으로 인식하는 것이다. 반면 구·미인들은 앞머리 ㅈ은 [ch], 뒷부분 ㅈ은 [j]로 구분한다. 그러나 「제주」를 외국인이 아무리 [cheju]로 인식하고 발음 한들 한국인 중에 제주를 [체주]로 발음하는 사람은 아무도 없기에 표기법 사용의 주체인 한국인의 발음을 최대한 고려한 개편으로 보인다.

예시 5: 현 표기법에서 한글 음절 초성 자음의 로마자 표기 음역 일람표

ㄱ ㄷ ㅂ ㅈ→g d b j ㅋ ㅌ ㅍ ㅊ→k t p ch * ㅅ 은 항상 s 로 표기

예시 5는 우리말의 음절 초성 글자를 로마자로 음역(transliteration)하는 것의 일람이다.

로마자와 국어의 표기상 발음에 차이가 날 때에는 원칙적으로 발음 위주로 표기하여 외국인에게 편의를 제공 한다. 그러나 현 표기법은 로마자 표기가 영문표기가 아니라는 점을 명확히 했다. 영어학 전공자들을 중심으로 일부 어문 전문가들조차 로마자표기법을 영문표기법으로 혼돈 하는 사례가 있어 온 것이 사실이다.

영어가 현재 세계적으로 가장 널리 사용되는 국제어임은 분

명하지만 그렇다고 한글의 로마자표기법이 곧 영문표기법은 아니다. 이점을 국어연구원이 분명히 하여 현 표기법에 한국인 중심의 주체성을 반영한 것으로 보인다.

직전표기법과 현 표기법에 있어서 표기상 달리한 내용을 정리하여 보면,

첫째, 한글의 음절초성에 있어서 ㄱ, ㄷ, ㅂ, ㅈ 은 로마자 표기로 유성음과 무성음에 상관없이 각각 로마자 유성 자음자 g, d, b, j로 표기 한다.

예시 6 :
부산 → Busan, 대구 → Daegu, 김포 → Gimpo,
금강 → Geumgang, 가곡 → Gagok

둘째, 어중이나 어말에 k', t', p', ch'에 사용 된 특수기호인 어깻점(apostrophe)을 없애고 k, t, p, ch로 쓰기로 한다.

예시 7:
Kimp'o → Gimpo, T'oegyero → Toegyero,
Ch'ungmuro → Chungmuro

셋째, 모음에 있어서 직전표기법에서 반달표를 사용한 ŏ, ŭ를 각각 반달표 대신 철자 'e'를 사용하여 eo, eu로 사용하기로 했다. 직전표기에는 「어」와「으」를 각각 o와 u위에 반달표를 두어서 구분했으나, 컴퓨터 자판에는 이런 특수기호가 없기 때문에, 그에 따라 발생하는 표기상 어려움을 해소하기 위해 ŏ, ŭ의 반달표 대신 철자 e를 사용하여 각각 eo, eu로 채택했다. 한편,「어」를 eo로 하는 것은 1959년부터 1983년까지의 지난 표기법과 남북한 합의안에서도 사용한 적이 있다.

예시 8:
Kŏbuksŏn → Geobukseon, Kŭmgansan → Geumgangsan

넷째, ㅅ+ㅣ 인 경우 직전표기법에서는 철자 sh를 사용했으나 현 표기법에 있어서는 특정 음성적 환경에 상관없이 s로 음역하기로 하였다. 즉, 종전에는 ㅅ과 모음 'ㅣ'가 어울릴 때에만 'sh'로 표기했으나 현 표기법에서는 ㅅ은 항상 's'로 적는다.

예시 9:
신라: Shilla → Silla

아래 예시 10은 직전표기법('84표기법)과 현 표기법의 표기상 변경사항들을 적용하여 그 실례를 제시한 것이다.

예시 10:

한글표기	적용표기법	'84표기법	현 표기법
거북선	k→g, ŏ→eo	Kŏbuksŏn	Geobukseon
김포	k→g, p'→p	Kimp'o	Gimpo
충무로	ch'→ch	Ch'ungmuro	Chungmuro
장전동	ch→j, ŏ→eo	Changjŏn-dong	Jangjeon-dong
의정부	ŭi→ui	ŭijŏngbu	Uijeongbu
신라	sh→s	Shilla	Silla
금강산	k→g, ŭ→eu	Kŭmgansan	Geumgangsan
부산	p→b	Pusan	Busan
조선	ch→j, ŏ→eo	Chosŏn	Joseon
찌개	tch→jj	Tchigae	Jjigae

5.3. 논의사항

(1) 영문표기와 관련된 문제

이번 현 표기법의 가장 큰 특징 중의 하나로 로마자 표기가 영문 표기가 아니라는 점을 명확히 했다. 영어의 알파벳(alphabet) 자체가 로마자로 되어있고 또한 로마자는 세계의 여러 나라에서 국제 표기문자로 쓰고 있기 때문에 혼선을 빚을 수는 있다. 그러나 같은 로마자 철자라도 표기 규정에 의해 언어마다 조금씩 발음을 달리하여 사용된다. 아래 예시 11과 같이 철자 'ch'의 경우, 영어는 [tʃ](이 논문에 발음표기는 Jones(1924)의 발음사전 표기를 따른다.)음으로, 독일어에서는 [x]또는 [ç]음으로, 한국어에서는 [ㅊ]음으로, 중국어에서는 [ʤ]음으로 발음된다.

예시 11:
독어: Ich [x, ç], 중국어: Changbai Mountain [ʤ],
영어: bench [tʃ], 한국어: Chungmu [ㅊ]

예시 11에서와 볼 수 있듯이, 동일한 로마철자라도 각 나라마다 발음을 달리 하고 있다. 이것은 언어마다 존재하는 발음 원칙의 차이 때문이다. 이를테면 한국어는 음절(syllable)단위로 발음을 하고 영어는 강세음(stress timed) 단위로 발음한다. 외래어로서 영어에 익숙해져 있는 한국인은 한글 로마자 표기를 영문 표기로 착각하는 일이 빈번하다. 그러나 국어연구원은 영문 표기법과 로마자 표기법은 분명히 구분되어야 하며, 현 표기법 역시 한글의 영문 표기가 아니라 로마자 표기라는 것을 강조하고 있다.

예시 12:
Geumgangsan 즘갱선(금강산) Hangeul 행얼(한글)
Geobukseon 지오북손(거북선) Gimpo 짐포(김포)

예시 12의 경우, 현 표기법에서는 음절 초성자음 'ㄱ, ㄷ, ㅂ'

은 로마자 'g, d, b'로 대치표기 한 결과, 우리와 달리 유, 무성음을 구분하는 영·미인들은 상기 표기를 보고 어떻게 읽어야할지 어리둥절할 것이다. 또한 영문 표기에 익숙한 한국인에게도 이런 혼란이 올 수 있다.

영어에서 철자 g는 대부분의 경우 [g] 음으로 발음된다. 그러나 ge인 경우에는 [g]나 [ʒ]로 발음될 수 있으며, 또 geo-의 경우에는 George, geography, geology등과 같은 단어에서 볼 수 있듯, 거의 예외 없이 [ʤ]로 발음된다.

이와 같은 영어식 발음에 젖은 한국인이나 영·미인들은 Geumgangsan을 [즘갱선]으로, Geobukseon을 [지오북손]으로 읽을 확률이 높다. 이러한 표기로는 실제 한국인의 금강산, 거북선의 발음과 큰 차이가 있다.

Hangeul의 경우, 현 표기법은 철자 ng은 영어식 표기이므로, [ŋ]에 상당하는 우리말 ㅇ [ieung]을 쓰도록 하고 있다. Hangeul이라는 표기로는 강세모음 중심의 음절단위를 가진 영·미인들은 [행얼] 또는 [한글] 또는 [항을] 등으로 읽을 수 있어, 철자만 보고 정확한 발음으로 읽기가 매우 어렵다.

현 표기법의 제정 공청회 과정 중에서 영어학 전공자들을 중심으로 일부 어문 전문가들조차 로마자표기법을 영어표기법으로 혼돈 한 사례가 있다. 우리말 모음 「우」를 로마자 표기법으로는 「oo」로 하자는 논의가 가장 대표적인 예의 하나이다. Book, Look에서 보듯이 영문표기에서는 「ㅜ」라는 모음은 흔히 「oo」

로 표기되곤 한다. 이를 근거로 현 표기법의「ㅜ」를「oo」로 표기하자는 것이다.

상기와 같이 외국인이 읽기에 다소간의 어색한 점이 있더라도, 한국인의 발음을 위주로 제정한 현 표기법을 일관되게 유지해 가야 한다는 것이 필자의 소신이다.

예시 13:

c**u**p, s**o**n, c**ou**ple, fl**oo**d, d**oe**s, **a**long, mount**ai**n, parli**a**ment, vill**ai**n, dung**eo**n, eas**i**ly, porp**oi**se

예시 13에서 밑줄 친 부분에 모음은 영어 발음으로는 [ʌ] 또는 [ə]로 발음 되지만 한글의 로마자 표기를 통한 발음으로는 각각 [우, 오, 오우, 오 :, 왜, 아, 아이, 아, 아이, 어, 이, 외]로 발음 될 수 있다. 이와 같이, 현대 영어는 철자와 발음 사이에 일대 일 대응관계가 성립하지 않는 대표적인 언어의 하나이다.(Baugh: §156) 그렇기 때문에, 영어의 철자와 발음관계를 로마자표기와 연관시키는 것은 표기 사용자의 혼란을 가중시킬 수 있다. 또 실제 로마자에 모음을 표기 할 수 있는 글자가 5개(a, e, i, o, u)뿐인데 반하여 한국어의 모음은 10개의 단모음으로 이루어져 있다. 따라서 표기 원칙상 1음절 1기호를 준수 할 수 없는 조건임이 분명하다. 현 표기법에서는 임의적(arbitrary)인 로마자 모음의 결합 규약(convention)으로 로마자 5개의 모음을 한글 단순

모음 10개를 만들고 있다. 그러나 이는 로마자 표기와 영문 표기를 혼돈할 경우, 한국인과 영・미인의 음운적 인식 차이나 언어적 직관의 차이 때문에 사용상 상당한 불편을 가져 올 것으로 예상된다.

예시 14:
sure, conscious, chute, nation, gracious

예시 14의 영어자음은 언어유형의 동형성(pattern congruity)이 음절 구조상 한국어와 영어의 유형이 각각 다름을 잘 보여준다. 그 예로 영어에는 CCCVCCCC(C=consonant, V=vowel)의 음절 구조가 가능하지만 한국어는 불가능하다. 또한, 같은 음절에서 조음되는 폐쇄음, 마찰음의 경우에 있어서 영어에서는 그 유형이 각각 2짝으로, 한국어에서는 각각 3짝으로 질서 정연하게 나타나는 것을 예시 15에서 볼 수 있다. (배: 35-36, 2009)

현 표기법에서는 음성적 환경에 관계없이 한글의 ㅅ을 로마자 표기 s로 일대 일 대응 표기로 고정하고 있다. 이에 따라 예시 14의 밑줄 친 철자 s의 발음을 [ʃ]와 [s]음 중 어느 것으로 할 것인가에 대한 영・미인들의 한국어 발음상 혼란이 예상된다.

예시 15:

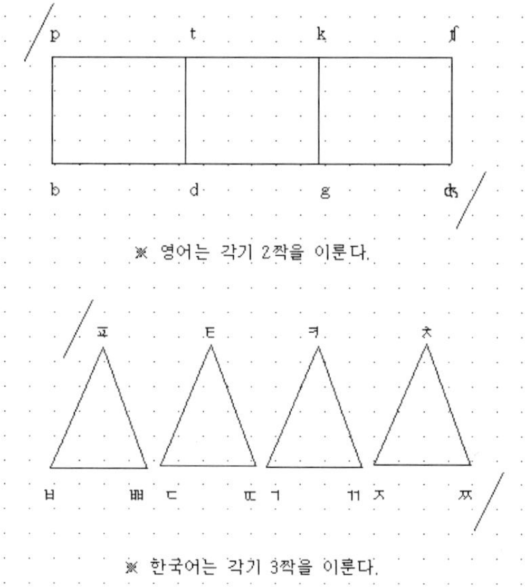

상기 예시 12, 13, 14, 15는 자음과 모음의 로마자 표기가 내국인이나 외국인이 인식하기에 다소 힘들고 어려울 수 있음을 시사하고 있다. 위와 같은 현 표기법의 개정 사항들은 한글의 로마자표기법이 곧 영문표기법은 아니라는 점을 분명히 하면서도, 「1음운 1기호 표기원칙」을 견지하고자 하는 국어연구원의 고심이 엿보이는 부분이다. 이런 의미에서 한글음절 초성자음 'ㄱ, ㄷ, ㅂ'을 로마자 'g, d, b'로 고정 음역하고 'ㅅ'을 's'로 고정표기 한 것은, 영어와 한국어에 발음상 차이가 있음을 인지하면서도 주

사용자인 일반 한국인이 편리하게 이용할 수 있게 하자는 취지로 한국인 발음에 맞는 표기를 정착시키려는 노력은, 과거 로마자 표기법에서 시도되지 않았던 현 표기법의 성과라고 볼 수 있다.

예시 16:
Busan Station (부산역)　Dong-ho Bridge (동호 대교)
City Hall (시청)　Bulguksa, Bulguk Temple (불국사)
Gangnam Express Bus Terminal (강남 고속버스 터미널)
Burimun, Buri Gate (불이문, 不二門)

예시 16에서 볼 수 있듯이 현실적 인식에 영향을 미치는 지명이나 문화재명 등을 로마자 표기법과 영어단어를 혼용하고 있다. '부산역'을 'Busanyeok'으로, '불이문'을 'Burimun'으로, '강남 고속버스 터미널'을 'Gangnam gosokbeoseu teomineol'로 표기한다면 내국인이나 외국인 모두가 얼른 인식하기 쉽지 않다. 현 표기법에서 로마자 표기와 국제어인 영문 표기를 혼용하여 사용할 수 있다는 명시적인 조항은 없지만, 예시 16에서 볼 수 있듯이 상호 의미를 이해할 수 있는 범위 내에서 영어 단어와 병용하는 것도 바람직한 사례일 것이다.

예시 17:
COEX(Convention and Exhibition, 한국 무역 전시 센터)

BEXCO(Busan Exhibition and Convention center,
부산 무역 전시 센터)

예시 17과 같이 국내에서 세계화 내지 정보화의 일환으로 붙여진 일부시설의 명칭 중에 영어단어의 머리글자를 따서 영어식 표기를 한 건물명들이 있다. 국어연구원이 한국인의 주체성을 강조하여 제정 한 현 표기법과는 무관하게, 건물주들이 자의적으로 선택한 영문 머리글자 명칭들이다. 이러한 표기들은 외국인이나 내국인이나 선뜻 건물의 용도를 인식하기 어려울 것이다. 그러나 세계인들을 유치할 목적으로 붙여진 건물의 명칭임에도, 세계어인 영어 단어에서 명칭을 원용하는 것은 건물주들의 필요에 따른 불가피한 선택으로 보인다.

(2) 음절구조(syllable structure)상의 문제

음절은 그 언어를 모국어로 하는 사람이 심리상 실제로 인식하는 언어단위이다. 여기에서는 첫째 음절의 정의, 둘째 음절의 경계, 셋째 음절은 필요한 음운단위(phonological unit)인가에 대하여 논하여 본다. (조성식, 1221-1224)

일반적으로 하나의 음절은 하나의 모음(vowel)을 중심으로 이루어진다. 이러한 원칙을 고수하기 위하여 직전표기법에는 특수기호 ŏ 와 ŭ 을 사용하였지만, 정보화 시대에 컴퓨터 자판상 입력의 복잡성, 인공 지능 분야에서 분절의 불명료성 등 인지 과

학상 문제가 발생했다. 이를 고려하여, 현 표기법에서는 각각 eo와 eu의 대체 표기법을 채택하였다. 물론 현 표기법 3장 2항「발음상 혼동의 우려가 있을 때에는 음절 사이에 붙임표(-)를 쓸 수 있다, <보기> 중앙 Jung-ang; 해운대 Hae-undae」라고 규정하지만, 표기 할 때 마다 붙임표를 사용한다는 것 또한 현실적으로 어려운 일이다. 또한 음절 구조를 우리와 달리하는 영·미인들의 경우 분절(syllabification)의 차이로 인해 전혀 다른 음절로 인식될 가능성이 있다.

한국말의 음절구조는 CVC(**V***owel* = 음절핵, 중성, **C***onsonant* = 하나 또는 0 *zero*), 그러나 영어의 최대 가능 음절 구조는 CCCVCCCC이다. (허 웅, 167-169) 우리는 단어를 인식할 때에 CVC로 이루어지는 음절단위로 받아들이나, 영어에서는 핵음(syllable nucleus)을 중심으로 자음 또는 자음군(consonant cluster)의 분절음(segment)들의 결합으로 단어를 인식한다.

예시 18: Hangeul

예시 18에서 음절화(syllabification)과정을 보면, 우리들은 [한·글]로 읽지만 외국인의 언어직관적인 입장에서 보면 [Hang·eul]로 분절하여 [행얼]로 읽거나 [행에울]로 읽을 가능성도 있다. 핵 음절(core syllable) 중심의 분절이 'eul'에서 e와 ul을 별개의 핵 음절로 인식하여 음절 경계를 e와 u 사이에 두어

[에울]로 발음할 수도 있는 것이다.

이와 같이 음절 경계를 더욱 구분하기 어려운 경우를 예시 19에서 볼 수 있다.

예시 19:
Yeouido(여의도)   gaeul(개울)   uidong(우이동)
Iuigeun(이의근 : 고유명사)

이와 같은 음절 경계의 인식문제로 Yeouido는 [여의도], [여우이도], [예오우이도],[예오의도]등으로 읽을 수 있으며, gaeul은 [가을], [개울], [가에울]로, Iuigeun는 [이의근], [이의게운], [이우이게운], [이우이근]으로, uidong는 [우이동], [의동]등으로 읽을 수 있어서, 우리말을 모르는 외국인들, 특히 영 · 미인들은 음절 경계 구분의 어려움이 매우 클 것이다.

(3) 실제발음과 표기관련 문제

현 표기법에서는 로마자 철자와 한국어 발음사이에 일대 일 대응관계에 관하여서는 언급한 부분이 없다. 현 표기법 제 1장 제 1항에는「국어의 로마자 표기는 국어의 표준 발음법에 따라 적는 것을 원칙으로 한다.」라고 규정함으로써, 국어의 발음법을 잘 이해하지 못하는 내 · 외국인의 경우 예시22와 예시 23의 사례처럼 실질적인 표기와 읽기에 어려움이 예상된다.

예시20:

안락동: Allak-dong [알락동]　학여울: Hangyeoul [항여울]

신라: Silla [실라]　백마: Baengma [뱅마]

예시 20의 실제 발음은 한국어의 자음동화작용(consonant assimilation)에 의해서 각각 [알락동], [실라], [뱅마], [항여울]로 발음되고, 로마자 표기도 실제 발음과 같이하고 있다.

예시21:

한 복남: Han Boknam [한복남/*한봉남]

홍 빛나: Hong Bitna [홍빛나/*홍빈나] < * 는 잘못된 발음 >

예시 20의 음운규칙과는 달리, 이름의 경우에는 현 표기법 제 3장 제 4항「이름에서 일어나는 음운변화는 표기에 반영하지 않는다.」라고 규정함으로써 [한봉남]이 아닌 [한복남]으로, [홍빈나]가 아닌 [홍빛나]로 발음해야 한다. 예시 20과 예시 21에서 볼 수 있는 실제 발음과 표기상의 차이를 알지 못 한 채 로마자 표기에만 의존해야 하는 외국인과, 규정 된 표기법을 숙지하지 못 하고 있는 내국인의 경우에도 두 개의 상반된 발음 규정에 혼란스러울 수밖에 없다. 음운변화현상과 그에 따르는 표기법에는 일관성과 예측성(predictability)이 있어야 한다. 이런 측면에서 볼 때,「이름에서 일어나는 음운변화는 표기에 반영하지 않는다.」라는 예외 조항은 현 표기법의 읽기와 쓰기의 일관성과 예측성을 저해하고 있는 것으로 보인다.

예시 22

한글	예측표기	실제표기
ㅢ	eu +i = eui	ui
ㅚ	o +i = oi	oe
ㅟ	u +i = ui	wi

예시 22의 한글 모음 'ㅢ'는 'ㅡ + ㅣ'의 결합으로, 'ㅚ'는 'ㅗ + ㅣ'의 결합으로, 'ㅟ'는 'ㅜ + ㅣ'의 결합으로 볼 수 있다. 이를 글자 대 글자로 결합하여 로마자 표기를 하면, 'eui', 'oi', 그리고 'ui'로 표시 되어야 하지만, 실제 로마자 표기는 각각 'ui', 'oe', 그리고 'wi'로 표기 되고 있다. 이것은 「1음운 1기호 표기 원칙」을 벗어나서 한글 모음 'ㅢ', 'ㅚ', 'ㅟ'를 각각 하나의 음운단위로 여겨, 각 음운마다 표기를 고정한 결과로 사료된다. MR표기 이후 이들 표기는 개정 시 마다 차이를 보였으나, 현 표기법에서는 음운단위 대 표기단위로 고정한 것으로 여겨진다.

예시 23

한글표기	예상표기	w 대치 음	로마자표기
ㅘ	oa	ㅗ	wa
ㅙ	oae	ㅗ	wae
ㅝ	ueo	ㅜ	wo
ㅞ	ue	ㅜ	we
ㅟ	ui	ㅜ	wi

한편 예시 23에서 한글의 'ㅗ'와 'ㅜ'에 대응 음으로서 반모음(semi-vowel) [w]를 한글 로마자 표기에 도입하고 있다. 한글 'ㅗ'와 'ㅜ' 다음에 한글 'ㅏ', 'ㅐ', 'ㅓ', 'ㅔ', 'ㅣ'가 올 때에는 [w]음의 원순성(+round)을 원용하고 있다. 또, 예시 23의 예상표기에서 볼 수 있듯이 한글 분절음(segment)들의 결합 형태인 이중모음(diphthong)을 로마자 표기로 옮기는 데에는 많은 문자가 사용된다. 이것이 초래할 것으로 예상되는 표기상 복잡성과 번거로움을 최소화하기 위한 노력의 일환으로, 모음 앞에 반모음 'w'를 도입하여 표기상 간략화 하였다.

이들 [w] + 모음으로 결합된 형태의 5개 모음자 표기는 최초 MR표기법에서부터 도입되어, 현재까지 수정 없이 일관성 있게 사용되어, 표기상의 일관성과 예측성을 준수한 긍정적인 사례로 보인다.

5.4. 결론

이 연구는 1939년 최초 국어 로마자 표기법(The McCune-Reischauer System)이 시행된 후, 그 간 여섯 차례의 수정 표기법과 남・북한 합의안을 상호 비교하고, 직전표기법(1984)과 현 표기법(2000)을 보다 세밀하게 비교・분석하였다.

그 분석한 결과, 현 표기법에서는 한글의 로마자 표기가 영문

표기와 다르다는 점을 분명히 하고, 세계화 정보화시대에 부응하는 편리한 대응표기를 가능하게 하였다.

첫째, 자음에 있어서 우리말에는 유・무성음의 구별이 없다는 점을 표기법에 반영하여, 음절의 초성 자음에 있어서 ㄱ, ㄷ, ㅂ, ㅈ을 각각 로마자 g, d, b, j로 규정 하고, ㅅ은 위치에 상관없이 로마자 s로 표기를 정했다. 직전 표기법이 자음에 특수기호 어깻점(′)을 사용했던 k′, t′, p′, ch′ 를 어깻점 없이 k(ㅋ), t(ㅌ), p(ㅍ), ch(ㅊ)으로 표기한 것이다.

둘째, 모음에 있어서는 정보화 시대에 표기상 장애가 되어 온 특수기호 반달표(˘)를 붙인 ŭ와 ŏ 에 있어서 반달표 대신 로마자 e를 택하여 각각 eu(ㅡ)와 eo(ㅓ)로 하여 특수기호 대신 로마자 e를 도입하여 사용상 편의를 도모한 점이다.

결론적으로, 표기법에 사용된 전체 40개의 한글 대응 로마자 중에서 7개만 수정의 대상이 되었고 나머지 33개 로마자 표기는 처음부터 지금까지 글자 대 글자 또는 음운 단위 대 단위 별로 일관성 있게 유지된 것으로 조사되었다.

인간의 언어 표현 수단인 문자는 인간 상호 간에 약속이다. 이 약속에서 전제 조건은 어느 하나의 문자를 다른 문자로 전환하는 규칙의 일관성과, 그에 따라 사용자가 예측 가능해야 한다는 것이다. 상기한 바와 같이 다섯 개 자음자와 두 개의 모음자 표기가 문제시 되어 행해진 빈번한 대응문자의 변경은, 우리와 세계인들 사이의 의사소통에 혼란을 초래하고, 거리 간판, 안내 표시 등의 교체에 따른 막중한 경제적 부담을 가져왔다.

이와 같은 표기법의 개정으로 인한 막대한 영향을 고려하여, 향후 개정 시에는 보다 신중을 기해야 할 것이며, 앞으로는 현 표기법이 일관성 있게 정착, 시행될 수 있기 바란다.

| 제6장 |

국어의 로마자 표기법 전문(全文)

국어의 로마자 표기법

제1장 표기의 기본 원칙

제1항 국어의 로마자 표기는 국어의 표준 발음법에 따라 적는 것을 원칙으로 한다.

제2항 로마자 이외의 부호는 되도록 사용하지 않는다.

제2장 표기 일람

제1항 모음은 다음 각 호와 같이 적는다.

1. 단모음

ㅏ	ㅓ	ㅗ	ㅜ	ㅡ	ㅣ	ㅐ	ㅔ	ㅚ	ㅟ
a	eo	o	u	eu	i	ae	e	oe	wi

2. 이중 모음

ㅑ	ㅕ	ㅛ	ㅠ	ㅒ	ㅖ	ㅘ	ㅙ	ㅝ	ㅞ	ㅢ
ya	yeo	yo	yu	yae	ye	wa	wae	wo	we	ui

[붙임 1] 'ㅢ'는 'ㅣ'로 소리 나더라도 'ui'로 적는다.

(보기) 광희문 Gwanghuimun

[붙임 2] 장모음의 표기는 따로 하지 않는다.

제2항 자음은 다음 각 호와 같이 적는다.

1. 파열음

ㄱ	ㄲ	ㅋ	ㄷ	ㄸ	ㅌ	ㅂ	ㅃ	ㅍ
g, k	kk	k	d, t	tt	t	b, p	pp	p

2. 파찰음

ㅈ	ㅉ	ㅊ
j	jj	ch

3. 마찰음

ㅅ	ㅆ	ㅎ
s	ss	h

4. 비음

ㄴ	ㅁ	ㅇ
n	m	ng

5. 유음

ㄹ
r, l

［붙임 1］ 'ㄱ, ㄷ, ㅂ'은 모음 앞에서는 'g , d , b '로, 자음 앞이나 말에서는 ' k , t , p'로 적는다.([ ] 안의 발음에 따라 표기

(보기) 구미 Gumi 영동 Yeongdong 백암 Baegam 호법 Hobeop
옥천 Okcheon 합덕 Hapdeok 한밭[한받] Hanbat
월곶[월곧] Wolgot 벚꽃[벋꼳] beotkkot

［붙임 2］ 'ㄹ'은 모음 앞에서는 ' r '로, 자음 앞이나 어말에서는 ' l '로 적는다. 단, 'ㄹㄹ'은 'll'로 적는다.

(보기) 구리 Guri 설악 Seorak 칠곡 Chilgok 임실 Imsil
울릉 Ulleung 대관령[대괄령] Daegwallyeong

제3장 표기상의 유의점

제1항 음운 변화가 일어날 때에는 변화의 결과에 따라 다음 각 호와 같이 적는다.

1. 자음 사이에서 동화 작용이 일어나는 경우

(보기) 백마[뱅마] Baengma 신문로[신문노] Sinmunno
종로[종노] Jongno 왕십리[왕심니] Wangsimni
별내[별래] Byeollae 신라[실라] Silla

2. 'ㄴ, ㄹ'이 덧나는 경우

(보기) 학여울[항녀울] Hangnyeoul 알약[알략] allyak

3. 구개음화가 되는 경우

(보기) 해돋이[해도지] haedoji 같이[가치] gachi
맞히다[마치다] machida

4. 'ㄱ, ㄷ, ㅂ, ㅈ'이 'ㅎ'과 합하여 거센소리로 소리 나는 경우

(보기) 좋고[조코] joko 놓다[노타] nota
잡혀[자펴] japyeo 낳지[나치] nachi

다만, 체언에서 'ㄱ, ㄷ, ㅂ' 뒤에 'ㅎ'이 따를 때에는 'ㅎ'을 밝혀 적는다.

(보기) 묵호 Mukho 집현전 Jiphyeonjeon

［붙임］ 된소리되기는 표기에 반영하지 않는다.

(보기) 압구정 Apgujeong 낙동강 Nakdonggang 울산 Ulsan

죽변 Jukbyeon 낙성대 Nakseongdae 팔당 Paldang

합정 Hapjeong 샛별 saetbyeol

제2항 발음상 혼동의 우려가 있을 때에는 음절 사이에 붙임표(-)를 쓸 수 있다.

(보기) 중앙 Jung(-)ang 반구대 Ban(-)gudae

세운 Se(-)un 해운대 Hae(-)undae

제3항 고유 명사는 첫 글자를 대문자로 적는다.

(보기) 부산 Busan 세종 Sejong

제4항 인명은 성과 이름의 순서로 띄어 쓴다. 이름은 붙여 쓰는 것을 원칙으로 하되 음절 사이에 붙임표(-)를 쓰는 것을 허용한다.(( )안의 표기를 허용함.)

(보기) 민용하 Min Yongha (Min Yong-ha)

송나리 Song Nari (Song Na-ri)

(1) 이름에서 일어나는 음운 변화는 표기에 반영하지 않는다.

(보기) 한복남 Han Boknam (Han Bok-nam)

홍빛나 Hong Bitna (Hong Bit-na)

(2) 성의 표기는 따로 정한다.

제5항 ‘도, 시, 군, 구, 읍, 면, 리, 동’의 행정 구역 단위와 ‘가’는 각각 ‘do, si, gun, gu, eup, myeon, ri, dong, ga’로 적고, 그 앞에는 붙임표(-)를 넣는다. 붙임표(-) 앞뒤에서 일어나는 음운 변화는 표기에 반영하지않는다.

(보기) 충청북도 Chungcheongbuk-do 신창읍 Sinchang-eup
의정부시 Uijeongbu-si 봉천1동 Bongcheon 1(il)-dong
당산동 Dangsan-dong 퇴계로 3가 Toegyero 3(sam)-ga
삼죽면 Samjuk-myeon 종로 2가 Jongno 2(i)-ga
도봉구 Dobong-gu 양주군 Yangju-gun 인왕리 Inwang-ri

〔붙임〕 ‘시, 군, 읍’의 행정 구역 단위는 생략할 수 있다.

(보기) 청주시 Cheongju 함평군 Hampyeong 순창읍 Sunchang

제6항 자연지물명, 문화재명, 인공 축조물명은 붙임표(-) 없이 붙여 쓴다.

(보기) 남산 Namsan 속리산 Songnisan 무량수전 Muryangsujeon
금강 Geumgang 독도 Dokdo 남한산성Namhansanseong
경복궁 Gyeongbokgung 연화교 Yeonhwagyo 종묘 Jongmyo
극락전 Geungnakjeon 안압지Anapji 화랑대 Hwarangdae
불국사 Bulguksa 현충사 Hyeonchungsa 독립문 Dongnimmun
오죽헌 Ojukheon 촉석루 Chokseongnu 다보탑 Dabotap

제7항 인명, 회사명, 단체명 등은 그동안 써 온 표기를 쓸 수 있다.

제8항 학술 연구 논문 등 특수 분야에서 한글 복원을 전제로 표기할 경우에는 한글 표기를 대상으로 적는다. 이때 글자 대응은 제2장을 따르되 'ㄱ, ㄷ, ㅂ, ㄹ'은 'g, d, b, l'로만 적는다. 음가 없는 'ㅇ'은 붙임표(-)로 표기하되 어두에서는 생략하는 것을 원칙으로 한다. 기타 분절의 필요가 있을 때에도 붙임표(-)를 쓴다.

(보기) 집 jib 짚 jip 밖 bakk 값 gabs 붓꽃 buskkoch
먹는 meogneun 독립 doglib 문리 munli 물엿 mul-yeos
굳이 gud-i 좋다 johda 가곡 gagog 조랑말 jolangmal
없었습니다 eobs-eoss-seubnida

부 칙

① (시행일) 이 규정은 고시한 날부터 시행한다.

② (표지판 등에 대한 경과 조치) 이 표기법 시행 당시 종전의 표기법에 의하여 설치된 표지판(도로, 광고물, 문화재 등의 안내판)은 2005. 12. 31.까지 이 표기법을 따라야 한다.

③ (출판물 등에 대한 경과 조치) 이 표기법 시행 당시 종전의 표기법에 의하여 발간된 교과서 등 출판물은 2002. 2. 28일까지 이 표기법을 따라야 한다.

| 제7장 |

Romanization of Korean

1. Principles for Transcription

(1) Romanization is based on standard Korean pronunciation.

(2) No symbols except Roman letters are used so far as possible.

2. Summary of the Transcription System

(1) Vowels are transcribed as follows:

- simple vowels

ㅏ	ㅓ	ㅗ	ㅜ	ㅡ	ㅣ	ㅐ	ㅔ	ㅚ	ㅟ
a	eo	o	u	eu	i	ae	e	oe	wi

- diphthongs

ㅑ	ㅕ	ㅛ	ㅠ	ㅒ	ㅖ	ㅘ	ㅙ	ㅝ	ㅞ	ㅢ
ya	yeo	yo	yu	yae	ye	wa	wae	wo	we	ui

Note 1: 'ㅢ' is transcribed as 'ui', although being pronounced as 'ㅣ'.

Note 2: Long vowels are not reflected in transcription.

(2) Consonants are transcribed as follows:

• plosives(stops)

ㄱ	ㄲ	ㅋ	ㄷ	ㄸ	ㅌ	ㅂ	ㅃ	ㅍ
g, k	kk	k	d, t	tt	t	b, p	pp	p

• affricates

ㅈ	ㅉ	ㅊ
j	jj	ch

• fricatives

ㅅ	ㅆ	ㅎ
s	ss	h

• nasals

ㄴ	ㅁ	ㅇ
n	m	ng

• liquids

ㄹ
r, l

Note 1 : The sounds ㄱ, ㄷ, and ㅂ are transcribed respectively as *g*, *d*, and *b* before a vowel; they are transcribed as *k*, *t*, and *p* when they appear before another consonant or as the last sound of a word.(They are transcribed as pronunciation in [ ].)

e.g. 구미 Gumi 영동 Yeongdong 백암 Baegam 옥천 Okcheon
합덕 Hapdeok 호법 Hobeop 벚꽃[벋꼳] beotkkot
월곶[월곧] Wolgot 한밭[한받] Hanbat

Note 2 : ㄹ is transcribed as *r* before a vowel, and as *l* before a consonant or at the end of a word: ㄹㄹ is transcribed as *ll*.

e.g. 구리 Guri　설악 Seorak　칠곡 Chilgok　임실 Imsil
울릉 Ulleung　대관령[대괄령] Daegwallyeong

3. Special Provisions for Transcription

(1) When Korean sound values change as in the following cases, the results of those changes are transcribed as follows:

1. The case of assimilation of adjacent consonants

e.g. 백마[뱅마] Baengm 신문로[신문노] Sinmunno 신라[실라] Silla
종로[종노] Jongno 왕십리[왕심니] Wangsimni 별내[별래] Byeollae

2. The case of the epenthetic ㄴ and ㄹ

e.g. 학여울[항녀울] Hangnyeoul　알약[알략] allyak

3. The case of palatalization

e.g. 해돋이 haedoji　같이[가치] gachi　맞히다[마치다] machida

4. The case when ㄱ, ㄷ, ㅂ, and ㅈ are adjacent to ㅎ

e.g. 좋고[조코] joko놓다[노타] nota잡혀[자펴] japyeo 낳지[나치] nachi

However, aspirated sounds are not transcribed in case of nouns where ㅎ follows ㄱ, ㄷ, and ㅂ, as in the examples below.

e.g. 묵호 Mukho　집현전 Jiphyeonjeon

Note: Tense (or glottalized) sounds are not transcribed in cases where the morphemes are compounded, as in the examples below.

e.g. 압구정 Apgujeong 울산 Ulsan 낙동강 Nakdonggang 합정 Hapjeong 죽변 Jukbyeon 팔당 Paldang 샛별 saetbyeol 낙성대 Naksengdae

(2) When there is the possibility of confusion in pronunciation, a hyphen '-' may be used.

e.g. 중앙 Jung-ang 세운 Se-un 해운대 Hae-undae 반구대 Ban-gudae

(3) The first letter is capitalized in proper names.

e.g. 부산 Busan 세종 Sejong

(4) Personal names are written by family name first, followed by a space and the given name. As a rule, syllables in given names are not separated by hyphen, but it is admitted to use a hyphen between syllables. (Transcription in ( ) is permitted.)

e.g. 민용하 Min Yongha (Min Yong-ha) 송나리 Song Nari (Song Na-ri)

① Assimilated sound changes between syllables in given names are not transcribed.

e.g. 한복남 Han Boknam (Han Bok-nam)

홍빛나 Hong Bitna (Hong Bit-na)

② Transcriptions of family names will be established additionally.

(5) Administrative units such as 도, 시, 군, 구, 읍, 면, 리, 동, and 가 are transcribed respectively as *do*, *si*, *gun*, *gu*, *eup*, *myeon*, *ri*, *dong*, and *ga,* and are preceded by a hyphen. Assimilated sound changes before and after the hyphen are not transcribed.

e.g. 충청북도 Chungcheongbuk-do　제주도 Jeju-do
　　의정부시 Uijeongbu-si　양주군 Yangju-gun
　　도봉구 Dobong-gu　신창읍 Sinchang-eup
　　삼죽면 Samjuk-myeon　인왕리 Inwang-ri
　　당산동 Dangsan-dong　봉천1동 Bongcheon 1(il)-dong
　　종로 2가 Jongno 2(i)-ga　퇴계로 3가 Toegyero 3(sam)-ga

Note: Terms for administrative units such as 시, 군, 읍 may be omitted.
e.g. 청주시 Cheongju　함평군 Hampyeong　순창읍 Sunchang

(6) Names of geographic features, cultural properties, and man-made structures may be written without hyphens.

e.g. 남산 Namsan　속리산 Songnisan
　　무량수전 Muryangsujeon　금강 Geumgang
　　독도 Dokdo　남한산성 Namhansanseong
　　경복궁 Gyeongbokgung　연화교 Yeonhwagyo
　　극락전 Geungnakjeon　안압지 Anapji
　　현충사 Hyeonchungsa　화랑대 Hwarangdae
　　불국사 Bulguksa　독립문 Dongnimmun

다보탑 Dabotap	오죽헌 Ojukheon
촉석루 Chokseongnu	종묘 Jongmyo

(7) Proper names such as personal names and those of companies may be written as they have been so far.

(8) When it is necessary to convert Romanized Korean back to Hangeul in special cases such as in academic articles, Romanization is done according to Hangeul spelling and not pronunciation. Each Hangeul letter is Romanized as explained in section 2 except that ㄱ, ㄷ, ㅂ and ㄹ are always written as *g*, *d*, *b*, and *l*. When ㅇ has no sound value, it is replaced by a hyphen. It may also be used when it is necessary to distinguish between syllables.

e.g.

집	jib	짚	jip
밖	bakk	값	gabs
붓꽃	buskkoch	먹는	meogneun
독립	doglib	문리	munli
물엿	mul-yeos	굳이	gud-i
좋다	johda	가곡	gagog
조랑말	jolangmal	없었습니다	eobs-eoss-seubnida

APPENDIX(부록)

1. 한글 맞춤법
2. 표준 발음법 (표준어 규정 제 2부)
3. 외래어 표기법
4. The McCune-Reichauer System for the Romanization of Korean.

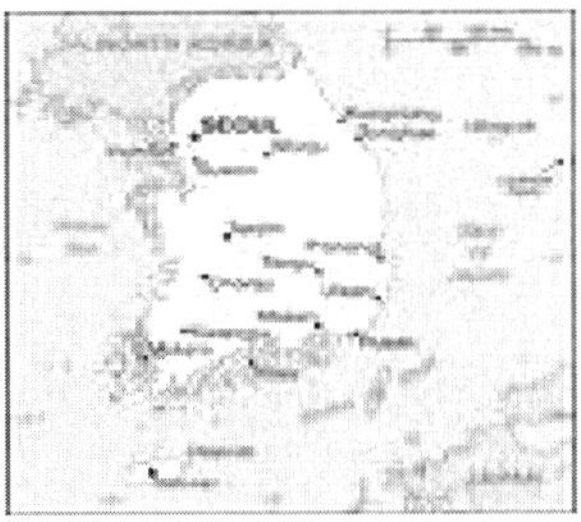

부록 1 한글 맞춤법

(문교부 고시 제88-1호, 1988년 1월 19일, 1989년 3월 1일 시행어문 규정)

제1장 총 칙

제1항 한글 맞춤법은 표준어를 소리대로 적되, 어법에 맞도록 함을 원칙으로 한다.

제2항 문장의 각 단어는 띄어 씀을 원칙으로 한다.

제3항 외래어는 '외래어 표기법'에 따라 적는다.

제2장 자 모

제4항 한글 자모의 수는 스물넉 자로 하고, 그 순서와 이름은 다음과 같이 정한다.

ㄱ(기역) ㄴ(니은) ㄷ(디귿) ㄹ(리을) ㅁ(미음) ㅂ(비읍)
ㅅ(시옷) ㅇ(이응) ㅈ(지읒) ㅊ(치읓) ㅋ(키읔) ㅌ(티읕)
ㅍ(피읖) ㅎ(히읗)

ㅏ(아) ㅑ(야) ㅓ(어) ㅕ(여) ㅗ(오) ㅛ(요) ㅜ(우) ㅠ(유)
ㅡ(으) ㅣ(이)

[붙임 1] 위의 자모로써 적을 수 없는 소리는 두 개 이상의 자모를 어울러서 적되, 그 순서와 이름은 다음과 같이 정한다.

ㄲ(쌍기역) ㄸ(쌍디귿) ㅃ(쌍비읍) ㅆ(쌍시옷)

ㅉ(쌍지읒) ㅐ(애) ㅒ(얘) ㅔ(에)
ㅖ(예) ㅘ(와) ㅙ(왜) ㅚ(외)
ㅝ(워) ㅞ(웨) ㅟ(위) ㅢ(의)
[붙임 2] 사전에 올릴 적의 자모 순서는 다음과 같이 정한다.
자음 ㄱ ㄲ ㄴ ㄷ ㄸ ㄹ ㅁ ㅂ ㅃ ㅅ ㅆ ㅇ ㅈ ㅉ ㅊ ㅋ ㅌ ㅍ ㅎ
모음 ㅏ ㅐ ㅑ ㅒ ㅓ ㅔ ㅕ ㅖ ㅗ ㅘ ㅙ ㅚ ㅛ ㅜ ㅝ ㅞ ㅟ ㅠ ㅡ ㅢ ㅣ

제3장 소리에 관한 것(삭제)

제4장 형태에 관한 것

제1절 체언과 조사

제14항 체언은 조사와 구별하여 적는다.

떡이 떡을 떡에 떡도 떡만 손이 손을 손에 손도 손만 집이 집을 집에 집도 집만 옷이 옷을 옷에 옷도 옷만

제2절 어간과 어미

제15항 용언의 어간과 어미는 구별하여 적는다.

먹다 먹고 먹어 먹으니, 신다 신고 신어 신으니
넘다 넘고 넘어 넘으니, 입다 입고 입어 입으니

[붙임 1] 앞말의 본뜻이 유지되고 있는 것은 그 원형을 밝히어 적고, 그 본뜻에서 멀어진 것은 밝히어 적지 아니한다.

제18항 다음과 같은 용언들은 어미가 바뀔 경우, 그 어간이나 어미

가 원칙 에 벗어나면 벗어나는 대로 적는다.

1. 어간의 ㄱ 'ㄹ'이 줄어질 적

갈다: 가니 간 갑니다 가시다 가오

놀다: 노니 논 놉니다 노시다 노오

[붙임] 다음과 같은 말에서도 'ㄹ'이 준 대로 적는다.

마지못하다 마지않다 (하)다마다 (하)자마자

2. 어간의 끝 'ㅅ'이 줄어질 적

긋다: 그어 그으니 그었다

짓다: 지어 지으니 지었다.

(하)지마라 (하)지 마(아)

3. 어간의 끝 'ㅎ'이 줄어질 적

그렇다: 그러니 그럴 그러면 그럽니다 그러오

동그랗다: 동그랄 동그라면 동그랍니다 동그랍니다 동그라오

퍼렇다: 퍼러니 퍼럴 하얗다: 하야니 하얄

4. 어간의 끝 'ㅜ, ㅡ'가 줄어질 적

푸다: 퍼 펐다, 담그다: 담가 담갔다

따르다: 따라 따랐다 , 크다: 커 컸다

5. 어간의 끝 'ㄷ'이 'ㄹ'로 바뀔 적

걷다[步)]: 걸어 걸으니 걸었다 , 묻다[問]: 물어 물으니 물었다

6. 어간의 끝 'ㅂ'이 'ㅜ'로 바뀔 적

깁다: 기워 기우니 기웠다, 맵다: 매워 매우니 매웠다

제3절 접미사가 붙어서 된 말<삭제>

제22항 용언의 어간에 다음과 같은 접미사들이 붙어서 이루어진 말들은 그 어간을 밝히어 적는다.

1. '-기-, -리-, -이-, -히-, -구-, -우-, -추-, -으키-, -이키-, -애-'가붙는 것

맡기다 옮기다 웃기다 쫓기다 뚫리다 울리다

다만, '-이-, -히-, -우-'가 붙어서 된 말이라도 본뜻에서 멀어진 것은 소리대로 적는다.

도리다(칼로 ~) 드리다(용돈을 ~) 고치다 바치다(세금을 ~)

2. '-치-, -뜨리-, -트리-'가 붙는 것

놓치다 덮치다 부딪뜨리다/부딪트리다 쏟뜨리다/쏟트리다

[붙임] '-업-, -읍-, -브-'가 붙어서 된 말은 소리대로 적는다.

미덥다 우습다 미쁘다

제23항 '-하다'나 '-거리다'가 붙는 어근에 '-이'가 붙어서 명사가 된 것은 그 원형을 밝히어 적는다. (ㄱ을 취하고 ㄴ을 버림.)

ㄱ	ㄴ	ㄱ	ㄴ
깔쭉이	깔쭈기	코납작이	코납자기
꿀꿀이	꿀구리	푸석이	푸서기
눈깜짝이	눈깜짜기	홀쭉이	홀쭈기

[붙임] '-하다'나 '-거리다'가 붙을 수 없는 어근에 '-이'나 또는 다

른 모음으로 시작되는 접미사가 붙어서 명사가 된 것은 그 원형을 밝히어 적지 아니한다.

개구리 귀뚜라미 기러기 깍두기 꽹과리 날라리

제4절 합성어 및 접두사가 붙은 말

제27항 둘 이상의 단어가 어울리거나 접두사가 붙어서 이루어진 말은 각각 그 원형을 밝히어 적는다.

국말이 꺾꽂이 꽃잎 끝장 물난리

젖몸살 첫아들 칼날 팥알 헛웃음

샛노랗다 시꺼멓다 싯누렇다 엇나가다 엎누르다

제5절 준 말 <삭제>

제5장 띄어쓰기

제4절 고유 명사 및 전문 용어

제48항 성과 이름, 성과 호 등은 붙여 쓰고, 이에 덧붙는 호칭어, 관직명 등은 띄어 쓴다.

김양수(金良洙) 서화담(徐花潭) 채영신 씨

최치원 선생 박동식 박사 충무공 이순신 장군

다만, 성과 이름, 성과 호를 분명히 구분할 필요가 있을 경우에는 띄어 쓸 수 있다.

남궁억/남궁 억 독고준/독고 준

황보지봉(皇甫芝峰)/황보 지봉

제49항 성명 이외의 고유 명사는 단어별로 띄어 씀을 원칙으로 하되, 단위별로 띄어 쓸 수 있다.(ㄱ을 원칙으로 하고, ㄴ을 허용함.)

ㄱ	ㄴ
대한 중학교	대한중학교
한국 대학교 사범 대학	한국대학교 사범대학

부록2. 국어 표준 발음법

[표준어 규정(문교부 고시 제88-2호)]

제1부: 표준어 사정 원칙(삭제)

제2부: 표준 발음법

제1장 총칙

제1항 표준 발음법은 표준어의 실제 발음을 따르되, 국어의 전통성과 합리성을 고려하여 정함을 원칙으로 한다.

제2장 자음과 모음

제2항 표준어의 자음은 다음 19개로 한다.

ㄱ ㄲ ㄴ ㄷ ㄸ ㄹ ㅁ ㅂ ㅃ ㅅ ㅆ ㅇ ㅈ ㅉ ㅊ ㅋ ㅌ ㅍ ㅎ

제3항 표준어의 모음은 다음 21개로 한다.

ㅏ ㅐ ㅑ ㅒ ㅓ ㅔ ㅕ ㅖ ㅗ ㅘ ㅙ ㅚ ㅛ ㅜ ㅝ ㅞ ㅟ ㅠ ㅡ ㅢ ㅣ

제4항 'ㅏ ㅐ ㅓ ㅔ ㅗ ㅚ ㅜ ㅟ ㅡ ㅣ'는 단모음(單母音)으로 발음한다.

[붙임] 'ㅚ, ㅟ'는 이중 모음으로 발음할 수 있다.

제5항 'ㅑ ㅒ ㅕ ㅖ ㅘ ㅙ ㅛ ㅝ ㅞ ㅠ ㅢ'는 이중 모음으로 발음한다.

다만 1. 용언의 활용형에 나타나는 '져, 쪄, 쳐'는 [저, 쩌, 처]로 발음한다.

가지어→가져[가저]　　찌어→[쩌]　　다치어→다쳐[다처]

다만 2. '예, 례' 이외의 'ㅖ'는 [ㅔ]로도 발음한다.

계집[계:집/게:집]　　계시다[계:시다/게:시다]
시계[시계/시게](時計)　　연계[연계/연게](連繫)
메별[메별/메별](袂別)　　개폐[개폐/개페](開閉)
혜택[혜:택/헤:택](惠澤)　　지혜(지혜/지헤](智慧)

다만 3. 자음을 첫소리로 가지고 있는 음절의 'ㅢ'는 [ㅣ]로 발음한다.

늴리리　　늬ㅇ큼　　무늬　　띄어쓰기　　씌어　　틔어
희어　　희떱다　　희망　　유희

다만 4. 단어의 첫음절 이외의 '의'는 [ㅣ]로, 조사 '의'는 [ㅔ]로 발음함 도 허용한다.

주의[주의/주이]　　협의[혀ㅂㅢ/혀비]
우리의[우리의/우리에]　강의의[강:의의/강:이에]

제3장 소리의 길이

제6항 모음의 장단을 구별하여 발음하되, 단어의 첫 음절에서만 긴 소리가 나타나는 것을 원칙으로 한다.

(1) 눈보라[눈:보라]　말씨[말:씨]　밤나무[밤:나무]
　많다[만:타]　멀리[멀:리]　벌리다[벌:리다]
(2) 첫눈[천눈]　참말[참말]　쌍동밤[쌍동밤]
　수많이[수:마니]　눈멀다[눈멀다]　떠벌리다[떠벌리다]

다만, 합성어의 경우에는 둘째 음절 이하에서도 긴소리를 인정한다.

반신반의[반:신 바:늬/반:신 바:니]　재삼재사[재:삼 재:사]

[붙임] 용언의 단음절 어간에 어미 '-아/어'가 결합되어 한 음절로 축약되는 경우에도 긴소리로 발음한다.

보아→봐[봐:]　기어→겨[겨:]　되어→돼[돼:]　두어→둬[둬:] 하여→해[해:]

다만, '오아→와, 지어→져, 찌어→쪄, 치어→쳐' 등은 긴소리로 발음안 함.

제7항 긴소리를 가진 음절이라도, 다음과 같은 경우에는 짧게 발음한다.

1. 단음절인 용언 어간에 모음으로 시작된 어미가 결합되는 경우

감다[감:따]-감으니[가므니]　밟다[밥:따]-밟으면[발브면]

신다[신:따]-신어[시너]　　알다[알:다]-알아[아라]

다만, 다음과 같은 경우에는 예외적이다

끌다[끌:다]-끌어[끄:러] 떫다[떨:다]-떫은[떨:븐]
썰다[썰:다]-썰어[써:러]　벌다[벌:다]-벌어[버:러]
없다[업:따]-없으니[업:쓰니]

2. 용언 어간에 피동, 사동의 접미사가 결합되는 경우

밟다[밥:따]-밟히다[발피다]　감다[감:따]-감기다[감기다]
꼬다[꼬:다]-꼬이다[꼬이다]

다만, 다음과 같은 경우에는 예외적이다

끌리다[끌:리다]　　벌리다[벌:리다]　　없애다[업:쌔다]

[붙임] 다음과 같은 합성어에서는 본디의 길이에 관계없이 짧게 발음한다.

밀-물　　썰-물　　쏜살-같이　　작은-아버지

제4장 받침의 발음

제8항 받침소리로는 'ㄱ, ㄴ, ㄷ, ㄹ, ㅁ, ㅂ, ㅇ'의 7개 자음만 발음한다.

제9항 받침 'ㄲ, ㅋ', 'ㅅ, ㅆ, ㅈ, ㅊ, ㅌ', 'ㅍ'은 어말 또는 자음 앞에서 각각 대표음 [ㄱ, ㄷ, ㅂ]으로 발음한다.

닦다[닥따]　키읔[키윽]　키읔과[키윽꽈]　옷[오ㄷ]　웃다[우ㄷ:따]
있다[이ㄷ따]　젖[저ㄷ]　빚다[비ㄷ따]　꽃[꼬ㄷ]　쫓다[쪼ㄷ따]
솥[소ㄷ]　뱉다[배ㄷ:따]　덮다[덥따]　앞[압]

제10항 겹받침 'ㄳ', 'ㄵ', 'ㄼ, ㄽ, ㄾ', 'ㅄ'은 어말 또는 자음 앞에서 각각 [ㄱ, ㄴ, ㄹ, ㅂ]으로 발음한다.

넋[넉]　넋과[넉꽈]　앉다[안따]　여덟[여덜]
넓다[널따]　외곬[외골]　핥다[할따]　값[갑]

다만, '밟-'은 자음 앞에서 [밥]으로 발음하고, '넓-'은 다음과 같은 경우에 [넙]으로 발음한다.

(1) 밟다[밥:따]　밟소[밥:쏘]　밟지[밥:찌]
밟는[밥:는→밤:는]　밟게[밥:께]　밟고[밥:꼬]
(2) 넓-죽하다[넙쭈카다]　넓-둥글다[넙뚱글다]

제11항 겹받침 'ㄺ, ㄻ, ㄿ'은 어말 또는 자음 앞에서 각각 [ㄱ, ㅁ, ㅂ]으로 발음한다.

닭[닥]　흙과[흑꽈]　맑다[막따]　늙지[늑찌]　삶[삼:]　젊다[점:따]
읊고[읍꼬]　읊다[읍따]

다만, 용언의 어간 발음 'ㄺ'은 'ㄱ' 앞에서 [ㄹ]로 발음한다.

맑게[말께]　묽고[물꼬]　얽거나[얼꺼나]

제12항 받침 'ㅎ'의 발음은 다음과 같다.

1. 'ㅎ(ㄶ, ㅀ)' 뒤에 'ㄱ, ㄷ, ㅈ'이 결합되는 경우에는, 뒤 음절 첫소리와 합쳐서 [ㅋ, ㅌ, ㅊ]으로 발음한다.

놓고[노코]　좋던[조:턴]　쌓지[싸치]　많고[만:코]　않던[안턴]
닳지[달치]

[붙임 1] 받침 'ㄱ(ㄺ), ㄷ, ㅂ(ㄼ), ㅈ(ㄵ)'이 뒤 음절 첫소리 'ㅎ'과 결합되는 경우에도, 역시 두 소리를 합쳐서 [ㅋ, ㅌ, ㅍ, ㅊ]으로 발음한다.

각하[가카] 먹히다[머키다] 밝히다[발키다] 맏형[마텽]
좁히다[조피다] 넓히다[널피다] 꽂히다[꼬치다] 앉히다[안치다]

[붙임 2] 규정에 따라 'ㄷ'으로 발음되는 'ㅅ, ㅈ, ㅊ, ㅌ'의 경우에는 이에 준한다.

숱하다[수타다] 옷 한 벌[오탄벌] 낮 한때[나탄때] 꽃 한 송이[꼬탄송이]

2. 'ㅎ(ㄶ, ㅀ)' 뒤에 'ㅅ'이 결합되는 경우에는, 'ㅅ'을 [ㅆ]으로 발음함.

닿소 [다쏘] 많소[만:쏘] 싫소[실쏘]

3. 'ㅎ' 뒤에 'ㄴ'이 결합되는 경우에는, [ㄴ]으로 발음한다.

놓는[논는] 쌓네[싼네]

[붙임] 'ㄶ, ㅀ' 뒤에 'ㄴ'이 결합되는 경우에는, 'ㅎ'을 발음하지 않는다.
않네[안네] 않는[안는] 뚫네[뚤네→뚤레] 뚫는[뚤는→뚤른]

4. 'ㅎ(ㄶ, ㅀ)' 뒤에 모음으로 시작된 어미나 접미사가 결합되는 경우에는 'ㅎ'을 발음하지 않는다.

낳은[나은] 쌓이다[싸이다] 닳아[다라] 많아[마:나] 않은[아는]
싫어도[시러도]

제13항 홑받침이나 쌍받침이 모음으로 시작된 조사나 어미, 접미사와 결합되는 경우에는, 제 음가대로 뒤 음절 첫소리로 옮겨 발음한다.

깎아[까까] 옷이[오시] 있어[이써] 덮이다[더피다] 낮이[나지]
꽂아[꼬자] 꽃을[꼬츨] 쫓아[쪼차] 밭에[바테] 앞으로[아프로]

제14항 겹받침이 모음으로 시작된 조사나 어미, 접미사와 결합되는 경우에는 뒤엣것 만을 뒤 음절 첫소리로 옮겨 발음한다. (이 경우, 'ㅅ'은 된소리로 발음함.)

넋이[넉씨] 앉아[안자] 닭을[달글] 젊어[절머] 값을[갑쓸]
곬이[골씨] 핥아[할타] 읊어[을퍼] 없어[업:써]

제15항 받침 뒤에 모음 'ㅏ, ㅓ, ㅗ, ㅜ, ㅟ' 들로 시작되는 실질 형태소가 연결되는 경우에는, 대표음으로 바꾸어서 뒤 음절 첫소리로 옮겨 발음한다.

밭 아래[바다래] 늪 앞[느밥] 젖어미[저더미] 맛없다[마덥다]
겉옷[거돋] 헛웃음[허두슴] 꽃 위[꼬뒤]

다만, '맛있다, 멋있다'는 [마싣따], [머싣따]로도 발음할 수 있다.

[붙임] 겹받침의 경우에는 그 중 하나만을 옮겨 발음한다.

넋 없다[너겁따] 닭 앞에[다가페] 값어치[가버치] 값있는[가빈는]

제16항 한글 자모의 이름은 그 받침소리를 연음하되, 'ㄷ, ㅈ, ㅊ, ㅋ, ㅌ, ㅍ, ㅎ'의 경우에는 특별히 다음과 같이 발음한다.

디귿이[디그시] 디귿을[디그슬] 디귿에[디그세] 지읒이[지으시]
지읒을[지으슬] 지읒에[지으세] 치읓이[치으시] 치읓을[치으슬]
치읓에[치으세] 키읔이[키으기] 키읔을[키으글] 키읔에[키으게]
티읕이[티으시] 티읕을[티으슬] 티읕에[티으세] 피읖이[피으비]
피읖을[피으블] 피읖에[피으베] 히읗이[히으시] 히읗을[히으슬]
히읗에[히으세]

제5장 소리의 동화

제17항 받침 'ㄷ, ㅌ(ㄾ)'이 조사나 접미사의 모음 'ㅣ'와 결합되는 경우에는, [ㅈ, ㅊ]으로 바꾸어서 뒤 음절 첫소리로 옮겨 발음한다.

곧이듣다[고지듣따] 굳이[구지] 미닫이[미다지]
땀받이[땀바지] 밭이[바치] 벼훑이[벼훌치]

[붙임] 'ㄷ' 뒤에 접미사 '히'가 결합되어 '티'를 이루는 것은 [치]로 발음 한다.

굳히다[구치다] 닫히다[다치다] 묻히다[무치다]

제18항 받침 'ㄱ(ㄲ, ㅋ, ㄳ, ㄺ), ㄷ(ㅅ, ㅆ, ㅈ, ㅊ, ㅌ, ㅎ), ㅂ(ㅍ, ㄼ, ㄿ, ㅄ)'은 'ㄴ, ㅁ' 앞에서 [ㅇ, ㄴ, ㅁ]으로 발음한다.

먹는[멍는] 국물[궁물] 깎는[깡는] 키읔만[키응만]
몫몫이[몽목씨] 긁는[긍는] 흙만[흥만] 닫는[단는]
짓는[진:는] 옷맵시[온맵시] 있는[인는] 맞는[만는]
젖멍울[전멍울] 쫓는[쫀는] 꽃망울[꼰망울] 붙는[분는]
놓는[논는] 잡는[잠는] 밥물[밤물] 앞마당[암마당]

밟는[밤는]　　읊는[음는]　　없는[엄:는]　　값매다[감매다]

[붙임] 두 단어를 이어서 한 마디로 발음하는 경우에도 이와 같다.

책 넣는다[챙넌는다]　흙 말리다[흥말리다]

옷 맞추다[온마추다]　밥 먹는다[밤멍는다]

값 매기다[감매기다]

제19항 받침 'ㅁ, ㅇ' 뒤에 연결되는 'ㄹ'은 [ㄴ]으로 발음한다.

담력[담:녁]　침략[침냑]　강릉[강능]　항로[항:노]　대통령[대:통녕]

[붙임] 받침 'ㄱ, ㅂ' 뒤에 연결되는 'ㄹ'도 [ㄴ]으로 발음한다.

막론[막논→망논]　　백리[백니→뱅니]

협력[협녁→혐녁]　　십리[십니→심니]

제20항 'ㄴ'은 'ㄹ'의 앞이나 뒤에서 [ㄹ]로 발음한다.

(1) 난로[날:로]　신라[실라]　천리[철리]　광한루[광:할루]
　대관령[대:괄령]

(2) 칼날[칼랄]　물난리[물랄리]　줄넘기[줄럼끼]
　할는지[할른지]

[붙임] 첫소리 'ㄴ'이 'ㅀ', 'ㄾ' 뒤에 연결되는 경우에도 이에 준한다.

닳는[달른]　　뚫는[뚤른]　　핥네[할레]

다만, 다음과 같은 단어들은 'ㄹ'을 [ㄴ]으로 발음한다.

의견란[의:견난]　임진란[임:진난]　생산량[생산냥]

결단력[결딴녁]　공권력[공꿘녁]　동원령[동:원녕]

상견례[상견녜]　횡단로[횡단노]　이원론[이원논]

입원료[이붠뇨]　구근류[구근뉴]

제21항 위에서 지적한 이외의 자음 동화는 인정하지 않는다.

감기[감:기](×[강:기]) 옷감[오ㄷ깜](×[옥깜])
있고[이ㄷ꼬](×[익꼬]) 꽃길[꼬ㄷ낄](×[꼭낄])
젖먹이[전머기](×점머기]) 문법[문뻐ㅂ](×[뭄뻐ㅂ])
꽃밭[꼬ㄷ빠ㄷ](×[꼽빠ㄷ])

제22항 다음과 같은 용언의 어미는 [어]로 발음함을 원칙으로 하되, [여]로 발음함도 허용한다.

피어[피어/피여] 되어[되어/되여]

[붙임] '이오, 아니오'도 이에 준하여 [이요], [아니요]로 발음함을 허용한다.

제6장 된소리되기

제23항 받침 'ㄱ(ㄲ, ㅋ, ㄳ, ㄺ), ㄷ(ㅅ, ㅆ, ㅈ, ㅊ, ㅌ), ㅂ(ㅍ, ㄼ, ㄿ, ㅄ)' 뒤에 연결되는 'ㄱ, ㄷ, ㅂ, ㅅ, ㅈ'은 된소리로 발음한다.

국밥[국빱] 깎다[깍따] 넋받이[넉빠지] 삯돈[삭똔]
닭장[닥짱] 칡범[칙뻠] 뻗대다[뻗때다] 옷고름[오ㄷ꼬름]
있던[이ㄷ떤] 꽂고[꼬ㄷ꼬] 꽃다발[꼬ㄷ따발] 낯설다[낟썰다]
밭갈이[받까리] 솥전[소ㄷ쩐] 곱돌[곱똘] 덮개[덥깨] 옆집[엽찝]
넓죽하다[법쭈카다] 읊조리다[읍쪼리다] 값지다[갑찌다]

제24항 어간 받침 'ㄴ(ㄵ), ㅁ(ㄻ)' 뒤에 결합되는 어미의 첫소리 'ㄱ, ㄷ, ㅅ, ㅈ'은 된소리로 발음한다.

신고[신:꼬] 껴안다[껴안따] 앉고[안꼬] 얹다[언따] 삼고[삼:꼬]

더듬지[더듬찌] 닮고[담:꼬] 젊지[점:찌]

다만, 피동, 사동의 접미사 '-기-'는 된소리로 발음하지 않는다.

안기다 감기다 굶기다 옮기다

제25항 어간 받침 'ㄼ, ㄾ' 뒤에 결합되는 어미의 첫소리 'ㄱ, ㄷ, ㅅ, ㅈ'은 된소리로 발음한다.

넓게[널께] 핥다[할따] 훑소[훌쏘] 떫지[떨찌]

제26항 한자어에서, 'ㄹ' 받침 뒤에 결합되는 'ㄷ, ㅅ, ㅈ'은 된소리로 발음 한다.

갈등[갈뜽] 발동[발똥] 절도[절또] 말살[말쌀]

불소(弗素)[불쏘] 일시[일씨] 갈증[갈쯩] 물질[물찔]

발전[발쩐] 몰상식[몰쌍식] 불세출[불쎄출]

다만, 같은 한자가 겹쳐진 단어의 경우에는 된소리로 발음하지 않는다.

허허실실[허허실실](虛虛實實) 절절-하다[절절하다](切切-)

제27항 관형사형 '-(으)ㄹ' 뒤에 연결되는 'ㄱ, ㄷ, ㅂ, ㅅ, ㅈ'은 된소리로 발음한다.

할 것을[할꺼슬] 갈 데가[갈떼가] 할 바를[할빠를]

할 수는[할쑤는] 할 적에[할쩌게] 갈 곳[갈꼳]

할 도리[할또리] 만날 사람[만날싸람]

다만, 끊어서 말할 적에는 예사소리로 발음한다.

[붙임] '-(으)ㄹ'로 시작되는 어미의 경우에도 이에 준한다.

할걸[할껄] 할밖에[할빠께] 할세라[할쎄라] 할수록[할쑤록]
할지라도[할찌라도] 할지언정[할찌언정] 할진대[할찐대]

제28항 표기상으로는 사이시옷이 없더라도, 관형격 기능을 지니는 사이시옷이 있어야 할(휴지가 성립되는) 합성어의 경우에는, 뒤 단어의 첫소리 'ㄱ, ㄷ, ㅂ, ㅅ, ㅈ'을 된소리로 발음한다.

문-고리[문꼬리] 눈-동자[눈똥자] 신-바람[신빠람] 산-새[산쌔]
손-재주[손째주] 길-가[길까] 물-동이[물똥이] 발-바닥[발빠닥]
굴-속[굴:쏙] 술-잔[술짠] 바람-결[바람껼] 그믐-달[그믐딸]
아침-밥[아침빱] 잠-자리[잠짜리] 강-가[강까] 초승-달[초승딸]
등-불[등뿔] 창-살[창쌀]

제7장 소리의 첨가

제29항 합성어 및 파생어에서, 앞 단어나 접두사의 끝이 자음이고 뒤 단어나 접미사의 첫 음절이 '이, 야, 여, 요, 유'인 경우에는, 'ㄴ'소리를 첨가하여 [니, 냐, 녀, 뇨, 뉴]로 발음한다.

솜-이불[솜니불] 홑-이불[혼니불] 막-일[망닐] 삯일[상닐]
맨-입[맨닙] 꽃-잎[꼰닙] 내복-약[내:봉냑] 한-여름[한녀름]
남존-여비[남존녀비] 신-여성[신녀성] 색-연필[생년필]
직행-열차[지캥녈차] 늑막-염[능망념] 콩-엿[공녀ㄷ]
담-요[담:뇨] 눈-요기[눈뇨기] 영업-용[영엄뇽] 식용-유[시교ㅇ뉴]

다만, 다음과 같은 말들은 'ㄴ' 소리를 첨가하여 발음하되, 표기대로 발음할 수 있다.

이죽-이죽[이중니죽/이주기죽] 야금-야금[야금냐금/야그먀금]
검열[검:녈/거:멸] 욜랑-욜랑[욜랑뇰랑/욜랑욜랑] 금융[금늉/그뮤ㅇ]

[붙임 1] 'ㄹ' 받침 뒤에 첨가되는 'ㄴ' 소리는 [ㄹ]로 발음한다.
들-일[들:릴] 솔-잎[솔립] 설-익다[설릭따] 물-약[물략]
불-여우[불려우] 서울-역[서울력] 물-엿[물려ㄷ] 휘발-유[휘발류]
유들-유들[유들류들]

[붙임 2] 두 단어를 이어서 한 마디로 발음하는 경우에는 이에 준한다.
한 일[한닐] 옷 입다[온닙따] 서른 여섯[서른녀섣] 3연대[삼년대]
먹은 엿[머근녀ㄷ] 할 일[할릴] 잘 입다[잘립따]
스물 여섯[스물려섣] 1연대[일련대] 먹을 엿[머글려ㄷ]

다만, 다음과 같은 단어에서는 'ㄴ(ㄹ)' 소리를 첨가하여 발음하지 않는다.
6·25[유기오] 3·1절[사밀쩔] 송별연[송:벼련] 등용-문[등용문]

제30항 사이시옷이 붙은 단어는 다음과 같이 발음한다.

1. 'ㄱ, ㄷ, ㅂ, ㅅ, ㅈ'으로 시작하는 단어 앞에 사이시옷이 올 때는 이들 자음만을 된소리로 발음하는 것을 원칙으로 하되, 사이시옷을 [ㄷ]으로 발음하는 것도 허용한다.
냇가[내:까/내ㄷ까] 샛길[새:낄/새ㄷ낄] 뱃속[배쏙/배ㄷ쏙]
깃살[기빨/긷빨] 빨랫돌[빨래똘/빨래ㄷ똘] 콧등[코뜨ㅇ;/코ㄷ뜨ㅇ]
대팻밥[대:패빱/대:패다빱] 햇살[해쌀/해ㄷ쌀] 뱃전[배쩐/배ㄷ쩐]
고갯짓[고개찌ㄷ/고개ㄷ찌ㄷ]

2. 사이시옷 뒤에 'ㄴ, ㅁ'이 결합되는 경우에는 [ㄴ]으로 발음한다.

콧날[코ㄷ날→콘날]　　　아랫니[아래ㄷ니→아랜니]

툇마루[퇴ㄷ:마루→퇸:마루]　　　뱃머리[배ㄷ머리→밴머리]

3. 사이시옷 뒤에 '이' 소리가 결합되는 경우에는 [ㄴㄴ]으로 발음한다.

베갯잇[베개ㄷ니ㄷ→베갠니ㄷ]　깻잎[깨ㄷ닙→깬닙]

나뭇잎[나묻닙→나문닙]　　　도리깻열[도리깨ㄷ녈→도리깬녈]

뒷윷[뒤ㄷ:뉴ㄷ→뒨:뉴ㄷ]

부록 3. 외래어 표기법

문화 체육부 고시 제1995-8 호(1995. 3. 16.)

제1장 표기의 기본 원칙

제1항 외래어는 국어의 현용 24 자모만으로 적는다.

제2항 외래어의 1 음운은 원칙적으로 1 기호로 적는다.

제3항 받침에는 'ㄱ, ㄴ, ㄹ, ㅁ, ㅂ, ㅅ, ㅇ'만을 쓴다.

제4항 파열음 표기에는 된소리를 쓰지 않는 것을 원칙으로 한다.

제5항 이미 굳어진 외래어는 관용을 존중하되, 그 범위와 용례는 따로 정한다.

제2장 표기 일람표

※표1은 다음페이지에 국제 음성 기호와 한글 대조표를 참조하시기 바랍니다.

※본지에서는 표2에서 표13은 생략하고 영어의 표기만 게재한다.

제3장 표기 세칙

제1절 영어의 표기

표 1에 따라 적되, 다음 사항에 유의하여 적는다.

※제2절에서 제15절의 외국어 표기는 본지에서는 생략한다.

제1항 무성 파열음 ([p], [t], [k])

1. 짧은 모음 다음의 어말 무성 파열음([p], [t], [k])은 받침으로 적는다.

gap[gæp] 갭　　cat[kæt] 캣　　book[buk] 북

2. 짧은 모음과 유음 · 비음([l], [r], [m], [n]) 이외의 자음 사이에 오는 무성 파열음 ([p], [t], [k])은 받침으로 적는다.

apt[æpt] 앱트　　setback[setbæk] 셋백　　act[ækt] 액트

3. 위 경우 이외의 어말과 자음 앞의 [p], [t], [k]는 '으'를 붙여 적는다.

stamp[stæmp]스탬프　　cape[keip]케이프
nest[nest]네스트　　part[pɑ：t] 파트
desk[desk] 데스크　　make[meik]메이크
apple[æpl] 애플　　mattress[mætris] 매트리스
sickness[siknis]시크니스

제2항 유성 파열음([b], [d], [g])

어말과 모든 자음 앞에 오는 유성 파열음은 '으'를 붙여 적는다.

bulb[bʌlb] 벌브　　land[lænd] 랜드
zigzag[zigzæg] 지그재그　　lobster[lɔbstə]로브스터

kidnap[kidnæp]키드냅　　　signal[signəl] 시그널

제3항 마찰음([s], [z], [f], [v], [Θ], [ð], [ʃ], [ʒ])

1. 어말 또는 자음 앞의 [s], [z], [f], [v], [Θ], [ð]는 '으'를 붙여 적는다.

mask[mɑ : sk] 마스크　　　jazz[dʒæz] 재즈
graph[græf] 그래프　　　olive[ɔliv] 올리브
thrill[Θril] 스릴　　　bathe[beið] 베이드

2. 어말의 [ʃ]는 '시'로 적고, 자음 앞의 [ʃ]는 '슈'로, 모음 앞의 [ʃ]는 뒤따르는 모음에 따라 '샤', '섀', '셔', '셰', '쇼', '슈', '시'로 적는다.

flash[flæʃ]플래시　　　shrub[ʃrʌb]슈러브
shark[ʃɑ : k] 샤크　　　shank[ʃæŋk]섕크
fashion[fæʃən] 패션　　　sheriff[ʃerif] 셰리프
shopping[ʃɔpiŋ]쇼핑　　　shoe[ʃu :] 슈
shim[ʃim] 심

3. 어말 또는 자음 앞의[ʒ]는 '지'로 적고, 모음 앞의[ʒ]는 'ㅈ'으로 적는다.

mirage[mirɑ : ʒ] 미라지　　　vision[viʒən] 비전

표1 국제 음성 기호와 한글 대조표

자음			반모음		모음	
국제 음성 기호	한글		국제 음성 기호	한글	국제 음성 기호	한글
	모음 앞	자음 앞 또는 어말				
p	ㅍ	ㅂ, 프				
b	ㅂ	브	j	이*	i	이
t	ㅌ	ㅅ, 트	ɥ	위	y	위
d	ㄷ	드	w	오, 우*	e	에
k	ㅋ	ㄱ, 크			ø	외
g	ㄱ	그			ɛ	에
f	ㅍ	프			ɛ̃	앵
v	ㅂ	브			œ	외
θ	ㅅ	스			œ̃	욍
ð	ㄷ	드			æ	애
s	ㅅ	스			a	아
z	ㅈ	즈			ɑ	아
ʃ	시	슈, 시			ɑ̃	앙
ʒ	ㅈ	지			ʌ	어
ts	ㅊ	츠			ɔ	오
dz	ㅈ	즈			ɔ̃	옹
tʃ	ㅊ	치			o	오
ʤ	ㅈ	지			u	우
m	ㅁ	ㅁ			ə**	어
n	ㄴ	ㄴ			ɚ	어
ɲ	니*	뉴				
ŋ	ㅇ	ㅇ				
l	ㄹ, ㄹㄹ					
r	ㄹ	ㄹ				
h	ㅎ	르				
ç	ㅎ	흐				
x	ㅎ	히				
		흐				

* [j], [w]의 '이'와 '오, 우', 그리고 [ɲ]의 '니'는 모음과 결합할 때 제3장 표기 세칙에 따른다.

** 독일어의 경우에는 '에', 프랑스 어의 경우에는 '으'로 적는다.

제4항 파찰음([ts], [dz], [tʃ], [dʒ])

1. 어말 또는 자음 앞의 [ts], [dz]는 '츠', '즈'로 적고, [tʃ], [dʒ]는 '치', '지'로 적는다.

Keats[ki : ts] 키츠 witch[switʃ] 스위치
Pittsburgh[pitsbə : g] 피츠버그 bridge[bridʒ]브리지
hitchhike[hitʃhaik] 히치하이크 odds[ɔdz] 오즈

2. 모음 앞의 [tʃ], [dʒ]는 'ㅊ', 'ㅈ'으로 적는다.

chart[tʃɑ : t] 차트 virgin[və : dʒin] 버진

제5항 비음([m], [n], [ŋ])

1. 어말 또는 자음 앞의 비음은 모두 받침으로 적는다.

steam[sti : m] 스팀 corn[kɔ : n] 콘 ring[riŋ] 링
lamp[læmp] 램프 hint[hint] 힌트 ink[iŋk] 잉크

2. 모음과 모음 사이의 [ŋ]은 앞 음절의 받침 'ㅇ'으로 적는다.

hanging[hæŋiŋ] 행잉 longing[lɔŋiŋ] 롱잉

제6항 유음([l])

1. 어말 또는 자음 앞의 [l]은 받침으로 적는다.

hotel[houtel] 호텔 pulp[pʌlp] 펄프

2. 어중의 [l]이 모음 앞에 오거나, 모음이 따르지 않는 비음([m], [n])앞에 올 때에는 'ㄹㄹ'로 적는다. 다만, 비음([m],

[n]) 뒤의 [l]은 모음 앞에 오더라도 'ㄹ'로 적는다.

slide[slaid] 슬라이드　　film[film] 필름

helm[helm] 헬름　　swoln[swouln]스월른

Hamlet[hæmlit] 햄릿　　Henley[henli] 헨리

제7항 장모음

장모음의 장음은 따로 표기하지 않는다.

team[ti：m] 팀　　route[ru：t] 루트

제8항 [ai], [au], [ei], [ɔi], [ou], [auə]등의 중모음은 각 단모음의 음가를 살려서 적되, [ou]는 '오'로, [auə]는 '아워'로 적는다.

time[taim] 타임　　house[haus] 하우스

skate[skeit] 스케이트　　oil[ɔil] 오일

boat[bout] 보트　　tower[tauə] 타워

제9항 반모음([w], [j])

1. [w]는 뒤따르는 모음에 따라 [wə], [wɔ], [wou]는 '워', [wɑ]는 '와', [wæ]는 '왜', [we]는 '웨', [wi]는 '위', [wu]는 '우'로 적는다.

word[wə：d]워드　　want[wɔnt]원트

woe[wou]워　　wander[wɑndə] 완더

wag[wæg] 왜그　　west[west] 웨스트

witch[witʃ] 위치　　wool[wul] 울

2. 자음 뒤에 [w]가 올 때에는 두 음절로 갈라 적되, [gw], [hw], [kw]는 한 음절로 붙여 적는다.

swing[swiŋ] 스윙　　twist[twist] 트위스트
penguin[peŋgwin] 펭귄　　whistle[hwisl] 휘슬
quarter[kwɔ：tə] 쿼터

3. 반모음 [j]는 뒤따르는 모음과 합쳐 '야', '얘', '여', '예', '요', '유', '이'로 적는다. 다만, [d], [l], [n] 다음에 [jə]가 올 때에는 각각 '디어', '리어', '니어'로 적는다.

yard[jɑ：d]야드　　yank[jæŋk]얭크
yearn[jə：n]연　　yellow[jelou] 옐로
yawn[jɔ：n] 욘　　you[ju：] 유
year[jiə] 이어　　Indian[indjən] 인디언
battalion[bətæljən] 버탤리언　　union[ju：njən] 유니언

제10항 복합어

1. 따로 설 수 있는 말의 합성으로 이루어진 복합어는 그것을 구성하고 있는 말이 단독으로 쓰일 때의 표기대로 적는다.

cuplike[kʌplaik] 컵라이크　　bookend[bukend] 북엔드
sit-in[sitin] 싯인　　headlight[hedlait] 헤드라이트
touchwood[tʌtʃwud] 터치우드　　bookmaker[bukmeikə]북메이커
topknot[tɔpnɔt] 톱놋

2. 원어에서 띄어 쓴 말은 띄어 쓴 대로 한글 표기를 하되, 붙여 쓸 수도 있다.

Los Alamos[lɔs æləmous] 로스 앨러모스/로스앨러모스
top class[tɔpklæs] 톱 클래스/톱클래스

제4장 인명, 지명 표기의 원칙

제1절 표기 원칙

제1항 외국의 인명, 지명의 표기는 제1장, 제2장, 제3장의 규정을 따르는 것을 원칙으로 한다.

제2항 제3장에 포함되어 있지 않은 언어권의 인명, 지명은 원지음을 따르는 것을 원칙으로 한다.

Ankara 앙카라　　Gandhi 간디

제3항 원지음이 아닌 제3국의 발음으로 통용되고 있는 것은 관용을 따른다.

Hague 헤이그　　Caesar 시저

제4항 고유 명사의 번역명이 통용되는 경우 관용을 따른다.

Pacific Ocean 태평양　　Black Sea 흑해

제2절 동양의 인명, 지명 표기

제1항 중국 인명은 과거인과 현대인을 구분하여 과거인은 종전의 한자음대로 표기하고, 현대인은 원칙적으로 중국어 표기법에 따라 표기하되, 필요한 경우 한자를 병기한다.

제2항 중국의 역사 지명으로서 현재 쓰이지 않는 것은 우리 한자음대로 하고, 현재 지명과 동일한 것은 중국어 표기법에 따라 표기하되, 필요한 경우 한자를 병기한다.

제3항 일본의 인명과 지명은 과거와 현대의 구분 없이 일본어 표기법에 따라 표기하는 것을 원칙으로 하되, 필요한 경우 한자를 병기한다.

제4항 중국 및 일본의 지명 가운데 한국 한자음으로 읽는 관용이 있는 것은 이를 허용한다.

東京 도쿄, 동경 京都 교토, 경도 上海 상하이, 상해 臺灣 타이완, 대만 黃河 황허, 황하

제3절 바다, 섬, 강, 산 등의 표기 세칙

제1항 '해', '섬', '강', '산' 등이 외래어에 붙을 때에는 띄어 쓰고, 우리말에 붙을 때에는 붙여 쓴다.

카리브 해 북해 발리 섬 목요섬

제2항 바다는 '해(海)'로 통일한다.

홍해 발트 해 아라비아 해

제3항 우리나라를 제외하고 섬은 모두 '섬'으로 통일한다.

타이완 섬 코르시카 섬 (우리나라 : 제주도, 울릉도)

제4항 한자 사용 지역(일본, 중국)의 지명이 하나의 한자로 되어 있을 경우, '강', '산', '호', '섬' 등은 겹쳐 적는다.

온타케 산(御岳) 주장 강(珠江) 도시마 섬(利島)

하야카와 강(早川) 위산 산(玉山)

제5항 지명이 산맥, 산, 강 등의 뜻이 들어 있는 것은 '산맥', '산', '강' 등을 겹쳐 적는다.

Rio Grande 리오그란데 강　　Monte Rosa 몬테로사 산

Mont Blanc 몽블랑 산　　Sierra Madre 시에라마드레 산맥

부록 4. The McCune-Reichauer System for the Romanization of Korean.

Since it was first devised, and published by the Korea Branch of the Royal Asiatic Society in 1939, the McCune-Reischauer system for the Romanization of Korean has become the most widely used system among Western students of Korea.

The authors described it as "a compromise between scientific accuracy and practical simplicity". They recognized that it was inadequate for phonetic or technical philological studies, and that it might not prove acceptable for all social purposes. Indeed it would be impossible to devise a perfect system of romanizing Korean which would serve all and every purpose. But McCune-Reischauer has proved itself very successful for historical, literary, political and military used, and in the general presentation of Korean proper names in romanized form.

The original article describing the system in detail is now out of print. It contains a great deal of material which is of considerable linguistic interest, and details the status of Korean spelling and pronunciation twenty years ago. Most of this is irrelevant to the practical purposes of present-day users of the system, since the Korean language has made great strides in unification and standardization of spelling and pronunciation.

The Council of the Society therefore thinks it desirable to publish this abbreviated account of the system together with tables which can be available for ready consultation and convenient practical use. They describe the system only as applied to current standard Korean spelling and pronunciation.

These tables are also being published separately in pamphlet form.

Principles of the System

1. The McCune-Reischauer system aims at representing the pronunciation and not the spelling of Korean words. It is not a method of transcribing Korean script, letter by letter, into the latin alphabet, but takes full account of euphonic changes in the pronunciation of Korean letters.

2. The criterion for the phonetic values of the letters of the latin alphabet is, as in the widely-used Hepburn system for Japanese and Wade-Giles system for Chinese, "the vowels as in Italian and the consonants as in English."

3. Since Korean has more vowels than the Latin alphabet, it is impossible to avoid the use of diacritical marks without causing other complications. However, only one is used: the micron over *o* and *u*.

ŏ is used for ㅓ because it is "generally speaking, most readily identified as a short *o*", and *ŭ* for ㅡ "because the pronunciation of

ㅡ is closely related to *u* and is often confused with ㅜ (*u*) by Occidentals". (It might be added that ㅓ is often confused with ㅗ (*o*) by both Koreans and Occidentals).

4. Several consonant letters in the Korean alphabet represent two or more different sounds according to their position in a word or phrase. A different letter is used in romanizing each sound: thus ㄹ may be written *r*, *l*, or *n* and ㄱ as *k*, *g*, and *ng*, according to the value given to it in pronunciation.

5. Strongly aspirated consonants are indicated by the addition of the apostrophe; eg. 칭찬 is romanized *ch'ingch'an* (praise).

The apostrophe is also used to separate *n* and *g* when they do not form the single sound *ng* (Korean ㅇ).

6. The hyphen is reserved for subsidiary divisions within words, such as Toksu-gung(덕수궁), Haein-sa(해인사).

The diaeresis(..) is used over *e* when *ae* or *oe* are not digraphs, ie. 애 is written *ae*, but 아에 is written *aë*.

7. The following is the devisers' original example of a complete sentence romanized according to their detailed suggestions.

한글 운동은 연산군 조에 이르러 큰 액운을 당하였다.

Han'gŭl undongŭn Yŏnsan-gun choë irŭrŏ k'ŭn aegunŭl tanghayŏtta.

8. It should particularly be noted that with the exception noted above the syllables of Sino-Korean words, and especially of proper names, are not separated by hyphens.

A COMPREHENSIVE CHART FOR THE ROMANIZATION OF THE KOREAN LANGUAGE ACCORDING TO THE McCUNE-REISCHAUER SYSTEM

Ⅰ. Consonants (showing euphonic changes in consonant sequences within words. For intervocalic values see note 3 below.)

Final \ Initial		ㄱ K	ㄴ N	ㄷ T	ㄹ (R)	ㅁ M	ㅂ P	ㅅ S	ㅈ CH	ㅊ CH’
ㄱ,ㅋ,ㄲ,ㄹㅅ,ㄹㄱ	K		ng-		ngn	ng-				
ㄴ	N	-’g		-d	ll		-b		-j	
ㄴ(+ㅅ),ㄴㅈ	N				(nn)			ns-		
ㄴㅎ	N	-k’		-t’	-n		(-p’)	ns-	-ch’	
ㄷ,ㅅ,ㅈ,ㅊ,ㅌ,ㅆ	T		n-		(nn)	n-		s-		
ㄹ,ㄹㅂ (noun)	L	-g	ll		-l		-b			
ㄹ(+ㅅ),ㄹㅂ (verb), ㄹㅅ,ㄹㅌ	L				-l			ls-		
ㄹㅎ	L	-k’		-t’	-l		(-p’)	ls-	-ch’	
ㅁ,ㄹㅁ (noun)	M	-g		-d	-n		-b		-j	
ㅁ(+ㅅ),ㄹㅁ (verb)	M				-n			ms-		
ㅂ,ㅍ,ㄹㅍ,ㅂㅅ	P		m-		mn	m-				
ㅇ	NG	-g		-d	-n		-b		-j	
ㅇ(+ㅅ)	NG				-n			ngs-		
(+ㅅ)	-	k-	n-	t-	nn	m-	p-	s-	t-	
ㅎ	T	k’	n-	t’	(nn)	n-		s-	ch’	

Initial Final	ㅋ K'	ㅌ T'	ㅍ P'	ㅎ H	ㄲ KK	ㄸ TT	ㅃ PP	ㅆ SS	ㅉ TCH
ㄱ,ㅋ,ㄲ,ㄹㅅ,ㄹㄱ					kk				
ㄴ									
ㄴ(+ㅅ),ㄴㅈ									
ㄴㅎ									
ㄷ,ㅅ,ㅈ,ㅊ,ㅌ,ㅆ						tt		ss	tch
ㄹ,ㄹㅂ (noun)				r-					
ㄹ(+ㅅ),ㄹㅂ (verb), ㄹㅅ,ㄹㅌ				r-					
ㄹㅎ									
ㅁ,ㄹㅁ (noun)									
ㅁ(+ㅅ),ㄹㅁ (verb)									
ㅂ,ㅍ,ㄹㅍ,ㅂㅅ							pp		
ㅇ									
ㅇ(+ㅅ)									
(+ㅅ)									
ㅎ						(tt)			(tch)

II. Vowels

ㅏ a　ㅓ ŏ　ㅗ o　ㅜ u　ㅡ ŭ　ㅐ ae　ㅒ yae　ㅔ e　ㅖ ye

ㅑ ya　ㅕ yŏ　ㅛ yo　ㅠ yu　ㅣ i　ㅘ wa　ㅙ wae　ㅚ oe　ㅝ wŏ

ㅞ we　ㅟ wi　ㅢ ŭi

The comprehensive table with its notes has prepared by Mr. John Harvey. But since this material may prove unwieldy for ready reference by many who need to use Romanization in their daily affairs, a simplified table, covering almost all cases occurring in the transcription of proper names (ie Sino-Korean words) has been appended. In cases not covered by this simplified table, recourse can be had to the comprehensive table and its notes.

A. Irregularities in Consonant Combinations

1. ㄹ is written *r* before ㅎ.

2. ㄹ is written *n* after ㄱ, ㅁ, ㅂ, and ㅇ.

3. ㄴ is written *l* before or after ㄹ.

4. ㄱ, ㄷ, and ㅂ are written *ng, n* and *m* before ㄴ, ㄹ, or ㅁ.

5. ㄱ, ㄷ, ㅂ, and ㅈ are written *g, d, b* and *j* after ㄴ, ㅁ, or ㅇ, ㄱ and ㅂ are written *g* and *b* after ㄹ.

6. *Sai siot* after a vowel is written with the same letter as the following consonant (but *t* before *ch*)

7. ㄷ, ㅎ and *sai siot* are written *s* before *t*.

8. ㅎ before ㄱ, ㄷ or ㅈ is written as an apostrophe after the initial.

B. Notes

1. The initial and final consonants of words are romanized as indicated by the capital letters in the chart. (Divisions between words do not prevent sound changes in spoken Korean, but for Romanization purposes it is most practical to indicate them only within words, following the word division in the standard

orthography.)

2. Combinations of final and initial consonants within a word are romanized with their word final and word initial values unless otherwise indicated in the chart.

3. Between vowels, single consonants are romanized with their initial values except for ㄱ, ㄷ, ㅂ and ㅈ which are romanized *g, d, b*, and *j*, and except for ㄷ and ㅌ as syllabic finals before l or palatalized vowels, which are romanized *j* and *ch'*; double consonants are romanized as if they were final and initial. (ㅅ, ㅈ, c and ㅌ have their initial value before vowels only when the vowels are in inflectional romanized *g* and ㅍ is romanized *b*.)

4. As syllabic initial, ㅇ is not romanized, since it stands for the absence of a consonant in this position.

5. The standard language pronounces and writes ㄹ as a word initial and ㄴ as a word initial before ㅣ or palatalized vowels only in a few native Korean words and foreign loanwords. If they are found in these positions in Sino-Korean, neither should be romanized before ㅣ or a palatalized vowel and ㄹ should be romanized *n* before other vowels.

6. Standard orthography does not indicate the presence of *sai siot* (+ㅅ in the chart) between consonants, and the provision for indication it between a vowel and a consonant by adding a final ㅅ to the preceding syllable is not always followed. It is almost impossible to catch all these omissions without complete familiarity with the language, but doubtful cases should be checked. *Sai siot*

always occurs between a native verb stem final ㄴ or ㅁ and ㄱ, ㄷ, ㅅ, or ㅈ as inflection initials. The possibility that a final ㅅ may represent *sai siot* should always be considered.

7. ㅅ is romanized *sh* rather than s before ㅟ to indicate the lip-rounding which accompanies it in this position. (Its palatalization before ㅣ and palatalized vowels is not indicated.)

8. ㄵ, ㄺand ㄼcombining with ㅎ should be written *nch', lk', and lp'*.

9. Some sequences of final and initial consonants within a word are so rare that their existence is doubtful. They are indicated with brackets on the chart.

C. Inconsistencies and Ambiguities

After consonants (other than homorganic stops) the letters *k, t, p,* and *ch,* which normally represent the unvoiced plosive, stand for the forced plosives otherwise written *kk, tt, pp,* and *tch*. This device simplifies consonants clusters which would be unwieldy without being helpful. It also makes it possible to ignore the automatic change of the ordinary plosives (and ㅅ) into their forced equivalents after ㄱ, ㄷ and ㅂ. Since the ordinary plosives are also forced by *sai siot,* are aspirated by ㅎ, and are written *g, d* and *b* after ㄴ, ㅁ or ㅇ and ㅎ and *b* after ㄹ to show that they are voiced, no ambiguity can result.

The application of this principle to forced consonants preceded by homorganic stops (or the identical reducing of "triple consonants") means that these clusters are not distinguished from forced consonants. This is probably ambiguous more in theory than in practice, since it seems to be hard to confirm that this distinction, which analogy suggests, is consistent and significant in spoken Korean. Forced consonants, particularly after short vowels in native Korean words, frequently seem to be preceded by an intrusive homorganic stop.

Syllable initials ㅎ is romanized *h* after *k, t* and *p* for the stake of simplicity and because, while it would tempt mispronunciation if it replaced the apostrophe after initial aspirates, it can be read fairly correctly in this position. The combination of a plosive and ㅎ is traditionally considered to equal as aspirate, but a homorganic stop usually intrudes before it, as it often does before other aspirates, under the same condition as before forced consonants. *H* in this position therefore indicates either aspiration or a homorganic aspirate.

The spelling of the names of the letters ㄷ, ㅈ, ㅊ, ㅋ, ㅌ, ㅍ, and ㅎ is artificial in that it does not conform to actual pronunciation in all cases. In the unlikely event of needing to romainized these names followed by inflectional endings they should be transcribed in accordance with the pronunciation.

Ⅲ. SIMPLIFIED TABLE

(Sufficient for the transcription of most proper names)

Initial / Final		ㅇ	ㄱ	ㄴ	ㄷ	ㄹ	ㅁ	ㅂ
		*①	K	N	T	(R)	M	P
ㄱ	K	G	KK	NGN	KT	NGN	NG M	KP
ㄴ	N	N	N'G	NN	ND	LL	NM	NB
ㄹ	L	R	LG	LL	LT	LL	LM	LB
ㅁ	M	M	MG	MN	MD	MN	MM	MB
ㅂ	P	B	PK	MN	PT	MN	MM	PP
ㅇ	NG	NG	NGG	NGN	NGD	NGN	NGM	NGB

Initial / Final		ㅅ	ㅈ	ㅊ	ㅋ	ㅌ	ㅍ	ㅎ
		S②	CH	CH'	K'	T'	P'	H
ㄱ	K	KS	KCH	KCH'	KK'	KT'	KP'	KH
ㄴ	N	NS	NJ	NCH'	NK'	NT'	NP'	NH
ㄹ	L	LS	LCH	LCH'	LK'	LT'	LP'	RH
ㅁ	M	MS	MJ	MCH'	MK'	MT'	MP'	MH
ㅂ	P	PS	PCH	PCH'	PK'	PT'	PP'	PH
ㅇ	NG	NGS	NGJ	NGCH'	NGK'	NGT'	NGP'	NGH

① A consonant between two vowels is transcribed with its initial value except that ㄱ is G, ㄷ is D, ㅂ is B, and ㅈ is J.

② 쉬 is romanized SHWI.

ㅏ	ㅑ	ㅓ	ㅕ	ㅗ	ㅛ	ㅜ	ㅠ	ㅡ	ㅣ	ㅘ
a	ya	ŏ	yŏ	o	yo	u	yu	ŭ	i	wa

ㅝ	ㅐ	ㅔ	ㅚ	ㅟ	ㅢ	ㅙ	ㅞ	ㅒ	ㅖ
wŏ	ae	e	oe	wi	ŭi	wae	we	yae	ye

참고문헌

국립 국어 연구원 (2000) 「새 국어 로마자 표기법」

______________ (1996) 「국어의 로마자 표기법」

국어 문화 연구소 (2000) 「로마자 표기 용례집」보고사

강용순 (2007) 「한국인에게 어려운 영어 발음」경진문화사

권영규 (1985) 「영어발달사」형설출판사

고창운 (2006) 「한글 맞춤법 해설과 이해」경진문화사

김명숙 (2000) "영어철자 발음의 연계를 위한 연구", 영어영문학, 제46권, PP.383～408

김영하 (2000) 「I Love English 로마자 표기법2」버들미디어

김재정 (2009) 「2010 PASSTORY 9급 재정국어」웅진패스원

김주현 외 1(1991) 「스탠더드 영한사전」성문각

김충배 (1978) "우리말 로마자 표기 문제", 언어, 제3권, PP.71～85

나채운 (2009) 「바로잡기 우리말 101가지」경진문화사

목포시장 (1997) 「Mokpo Regional Collection Hall」전일실업 출판사

박종덕 (2008) 「국어교육을 위한 국어음운학」경진문화사

배재덕 (2009) 「영어음성학과 발음교육」논문의 집

______ (2009) "국어 로마자 표기법에 나타난 문제점과 개선방안", 동북아 문화연구, 제21집, PP.129～146.

______ (2007) 「생활문자들」논문의 집

서　경 (2007) 「장백산 혼」길림성: 길림촬영 출판사

서정범 (1982) 「음운의 국어사적 연구」집문당

유만근 (1985) "표준 한국어 정밀표음 로마자 맞춤법 연구", 언어, 제10권,

PP.171～202

전홍식 (2000) "국어 표기법에 관한 연구", 외국어 연구, 제 13집, 성심 외국어 대학 외국어 교육 연구소, pp. 27-44.

정태충 (2005)「정음로마자 표기법」경희대학교 출판부

조두상 (1998) "로마 철자 및 영문표기 실태 연구", 영미어문학, 제38집, PP.179～199

조성식 (1990)「영어학사전」신아사. pp. 1221-1224

조오현 (2005)「북한 언어문화의 이해」경진문화사

최호철 (2005)「외국인의 한국어 연구」경진문화사

허　웅 (1981)「언어학」샘 문화사

Baugh. A.C. & Cable T. (2002)「A History of the English Language」5th ed. N.J.: Prentice Hall」

Gyeongju National Museum (2002)「Art Hall」Tongcheon Publishing Co.

Harvey, J. (1971)「Korean Romanization: The McCune-Reischauer System」The Korean Branch of the Royal Asiatic Society Vol. 38(1961), ed. by Wagner, E. W.

Jones. D (1924)「An English Pronouncing Dictionary」. Tokyo: Maruzen Co. LTD

Kahn, D (1976)「 Syllable-based Generalizations in English Phonology」: IULC.

Nahm, A. C. (2004)「A Panorama of 5000 Years: Korean History」HOLLYM

Vallins, G. H. (1965)「 Spelling.」: UK Tonbridge Printers.

YBM si-sa (2007)「Sharp e4u 영한 전자사전」: 서울